AGENCIA MATRIMONIAL DE EDUARDO ARROYO

La visión de un hombre con gabardina y sombrero recorriendo el barrio de Pigalle, en París, y vendiendo a aficionados y transeúntes fotografías pornográficas no se me ha quitado nunca de la imaginación.

Luego he sabido que algunos adeptos de la gabardina la abrían sin recato a la salida de colegios e institutos. De ellos supe más tarde que se trataba de exhibicionistas. Pero ¿qué era lo que enseñaba abriendo apenas el indumento el hombre de Pigalle? ¿Se trataba de imágenes de pornografía subida o simplemente hojas de catálogo a la búsqueda de una pareja ideal...? Prefiero quedarme con la segunda hipótesis o por lo menos así querría que fuera. Me inclino a la idea de que el hombre de gabardina y sombrero de la Place Blanche, allá por los comienzos de los años sesenta, era simplemente una agencia matrimonial en pleno movimiento y expansión. La profesión de agente matrimonial ha cambiado en estos últimos años y no hablemos desde la invención del vídeo y de Internet. Los candidatos se animan, se contornean, hablan y a veces bailan. Pero lo que no ha cambiado es el deseo ancestral de encontrar la media naranja, aunque venga de un continente recóndito y uno no se entere de lo que dice... Nada más actual hoy que el viejo refrán de "Cada oveja con su pareja" o aquello de "Cada cual con su cada cuala..."; o el uno con la otra, la otra con el uno, o la una con la una y el uno con el uno. Todo ello para seguir buscando y buscando uniones y multiplicaciones, para no quedarnos más solos que la una.

En torno a estas consideraciones, un día se me ha ocurrido pedir a un nutrido grupo de artistas –veinte exactamente– de varias latitudes, encontrar y facilitar pareja a un hombre, a una mujer y, por qué no, a una mosca, que yo les mandaba desde Madrid. Todos han respondido –y de ello les doy las gracias– ofreciendo una pareja, imagino para calentar, esperemos que eternamente, el solitario corazón que yo les he ofrecido; ha sido casi una caravana de amor, pero sin bombo ni timbales.

Ahora que ya todos somos una familia, una Corín Tellado más disponible que nunca, nos recuerda que, a veces, nuestra mejor pareja puede esconderse en el piso de al lado.

EDUARDO ARROYO

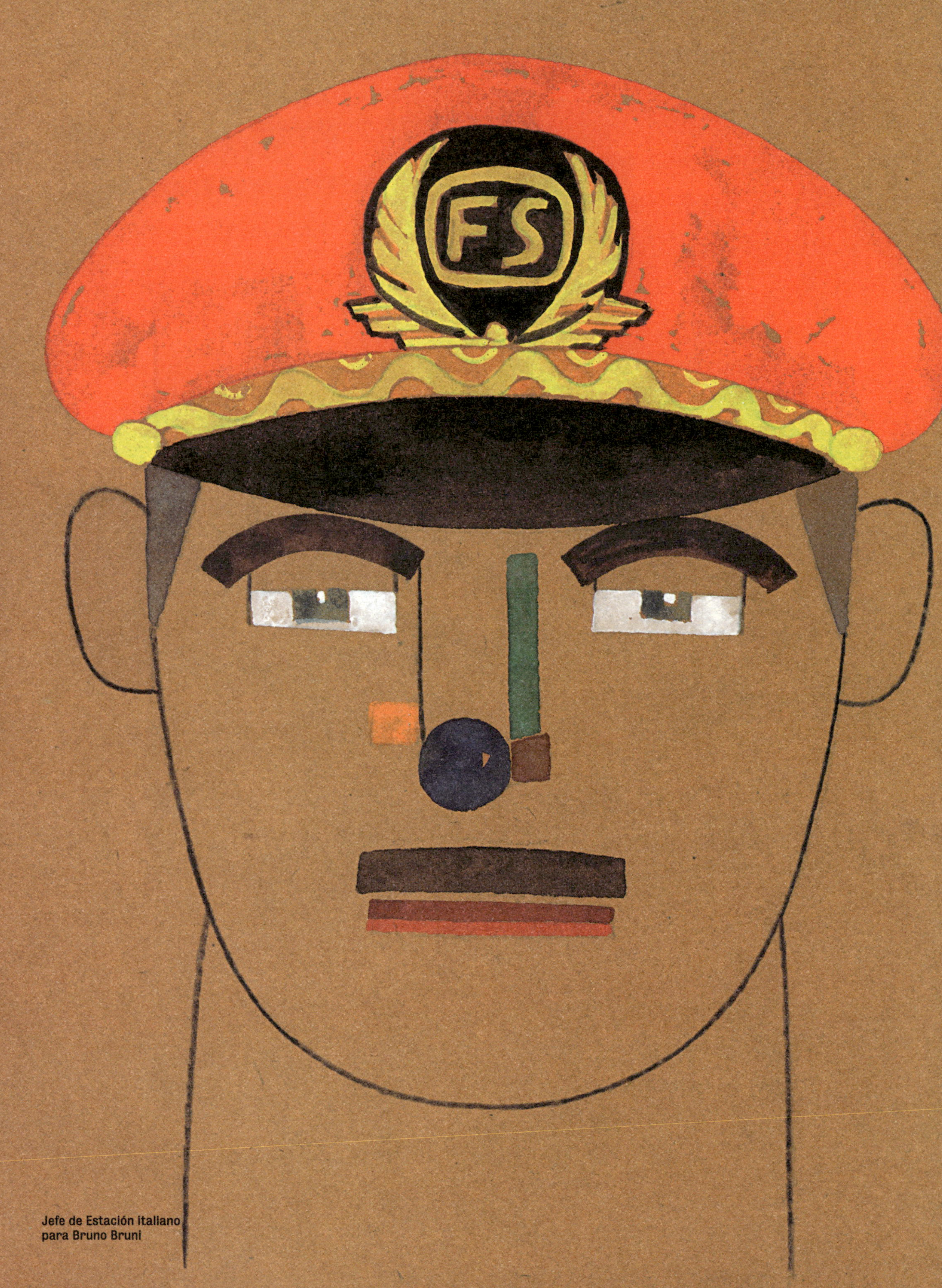

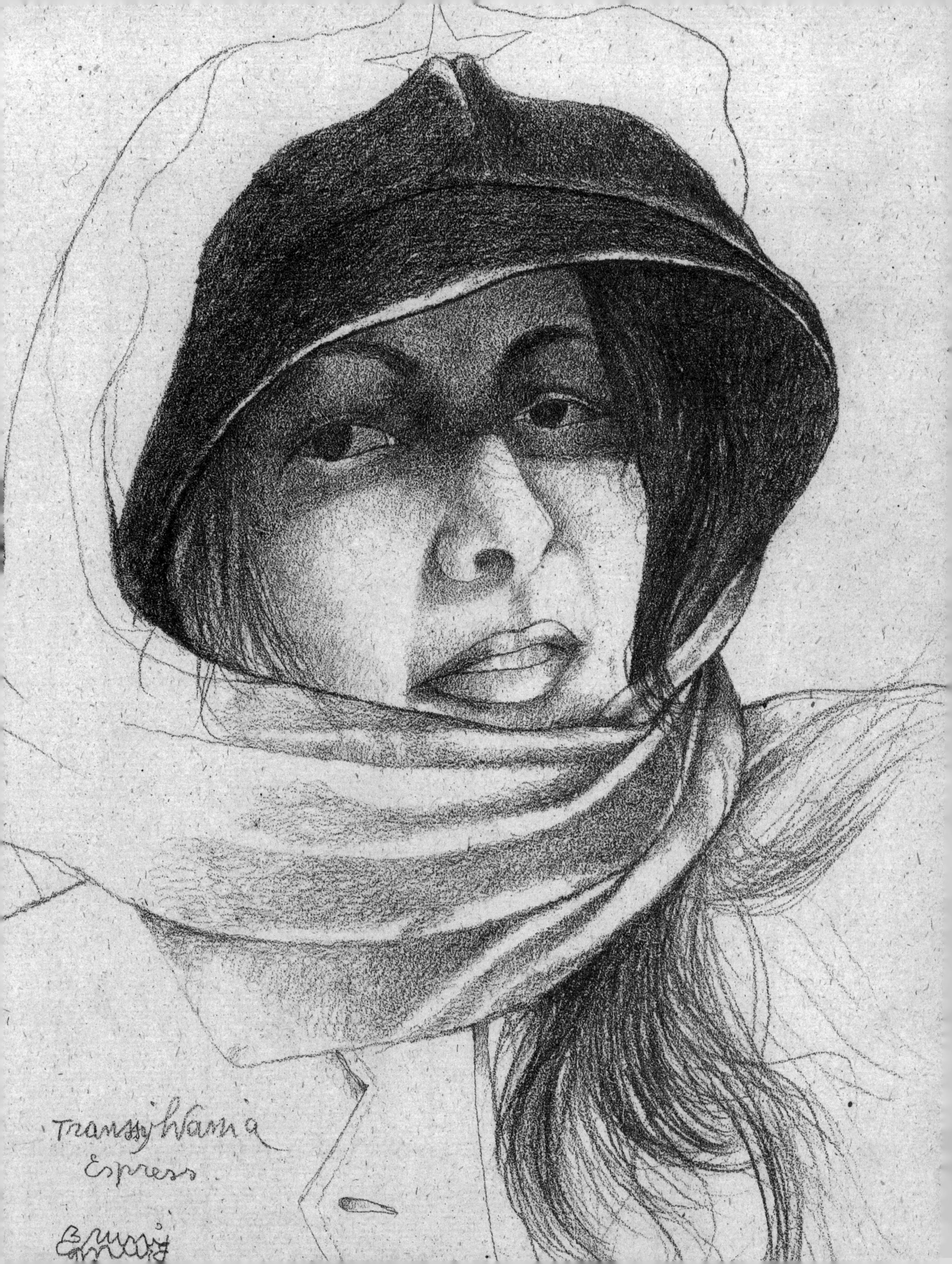

Transsylvania
Espress.

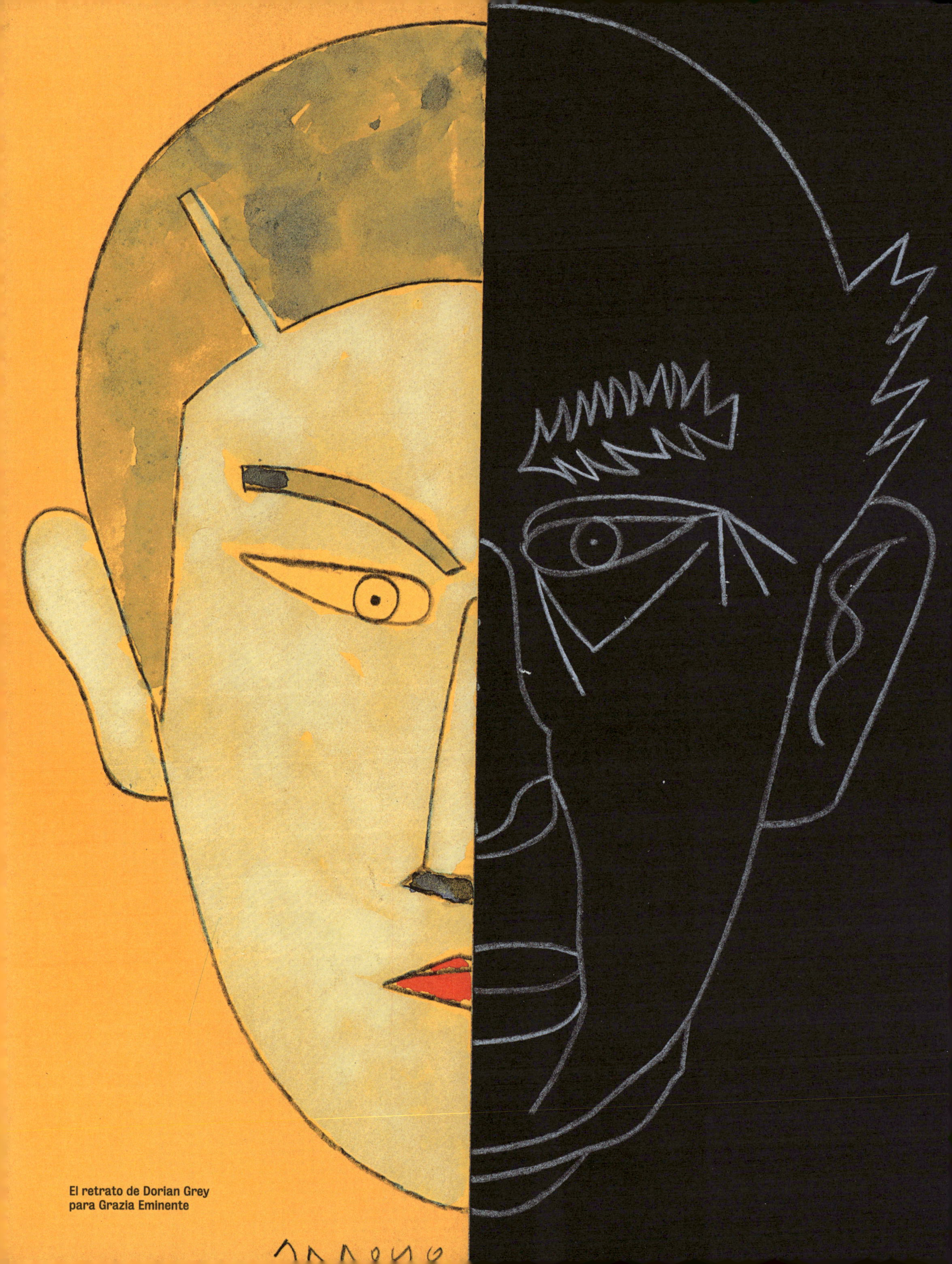
El retrato de Dorian Grey
para Grazia Eminente

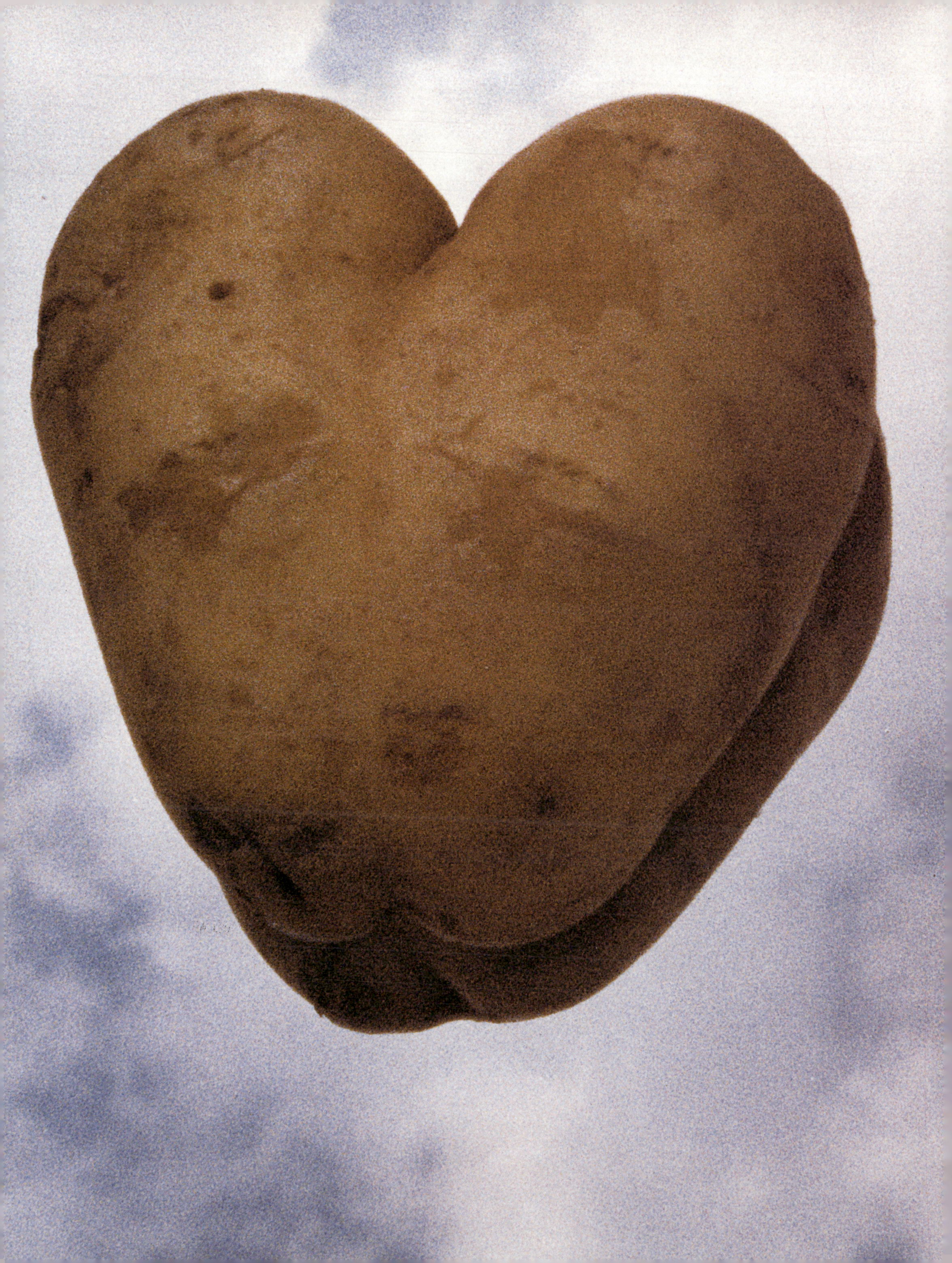

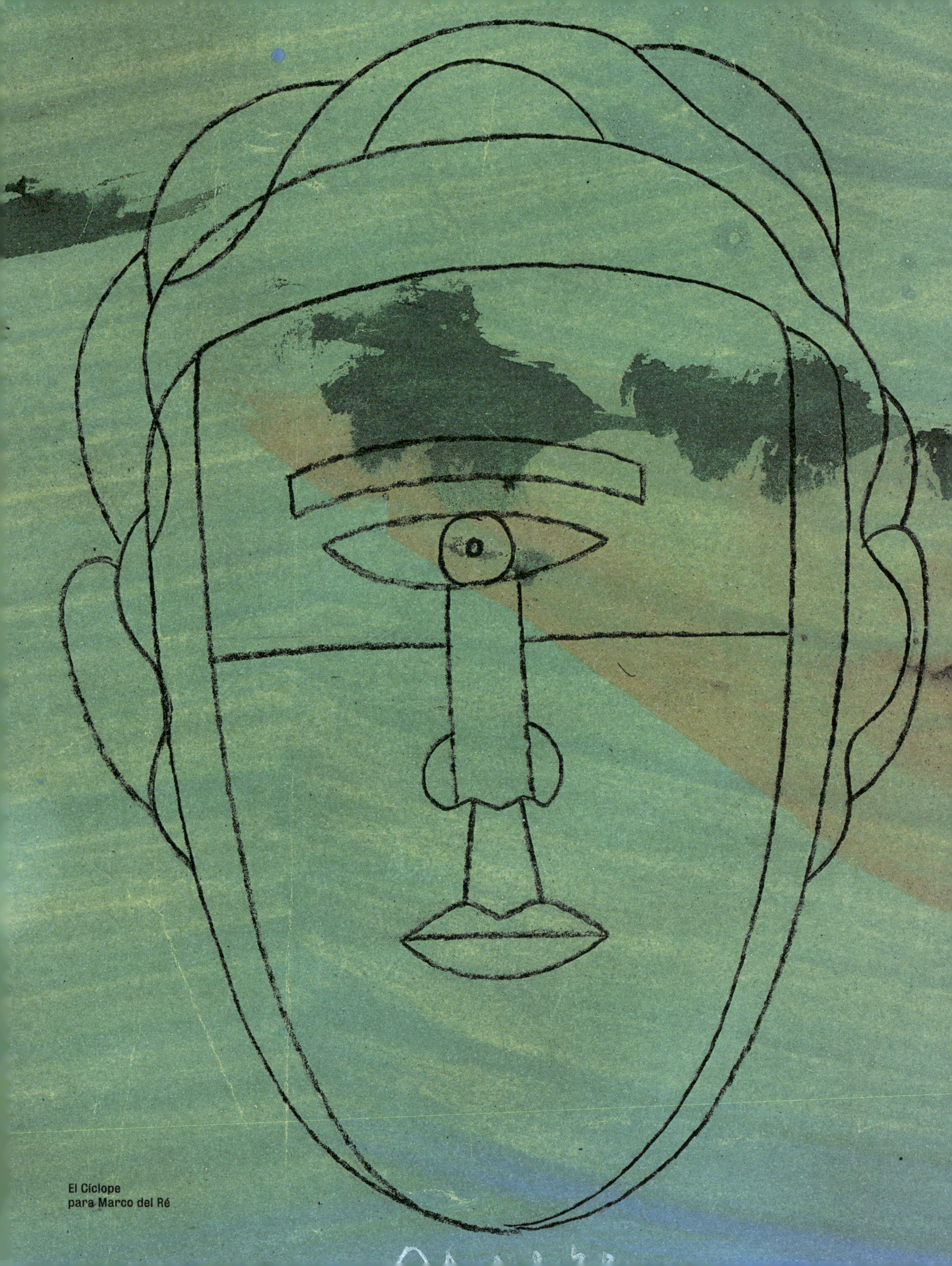

El Cíclope
para Marco del Ré

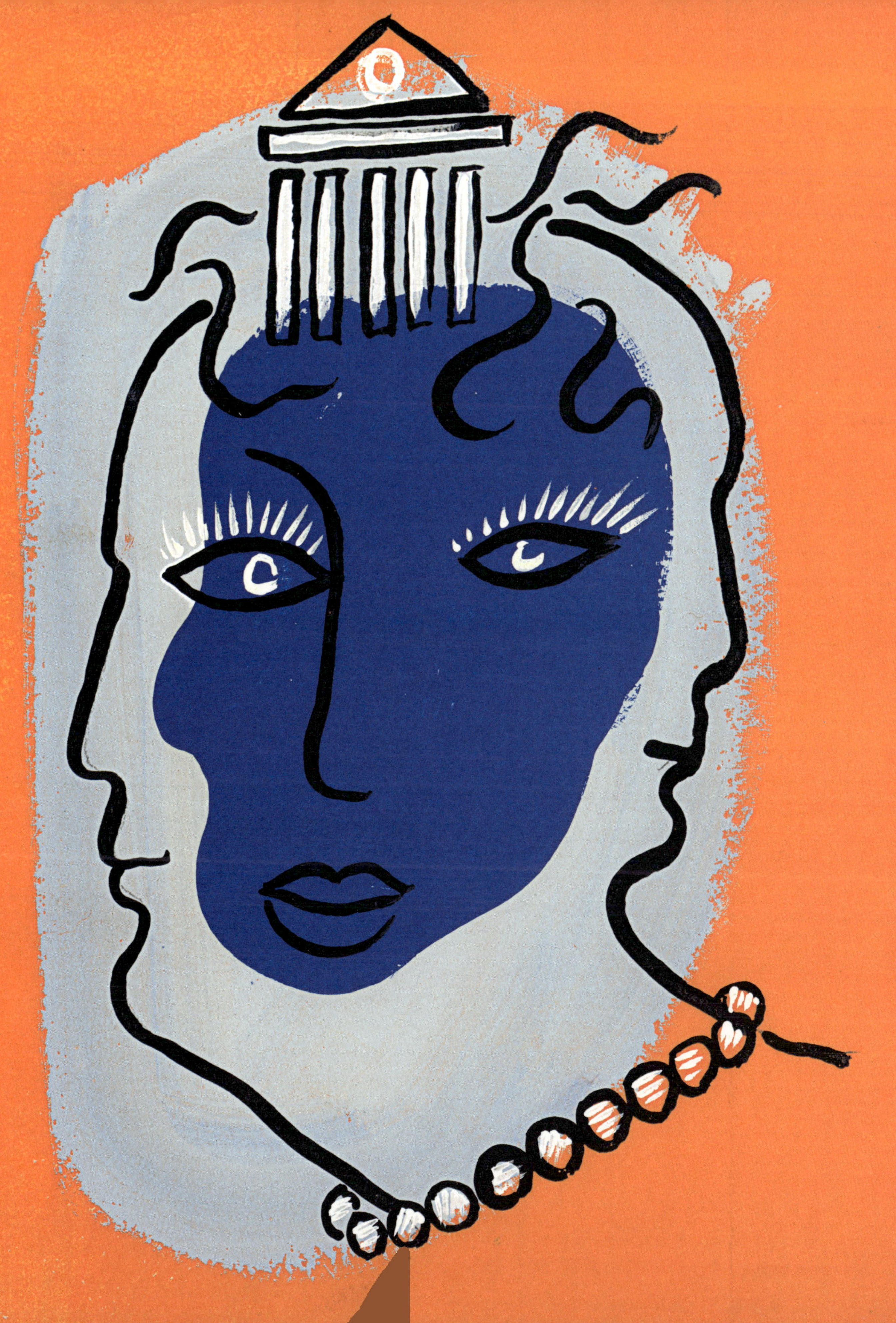

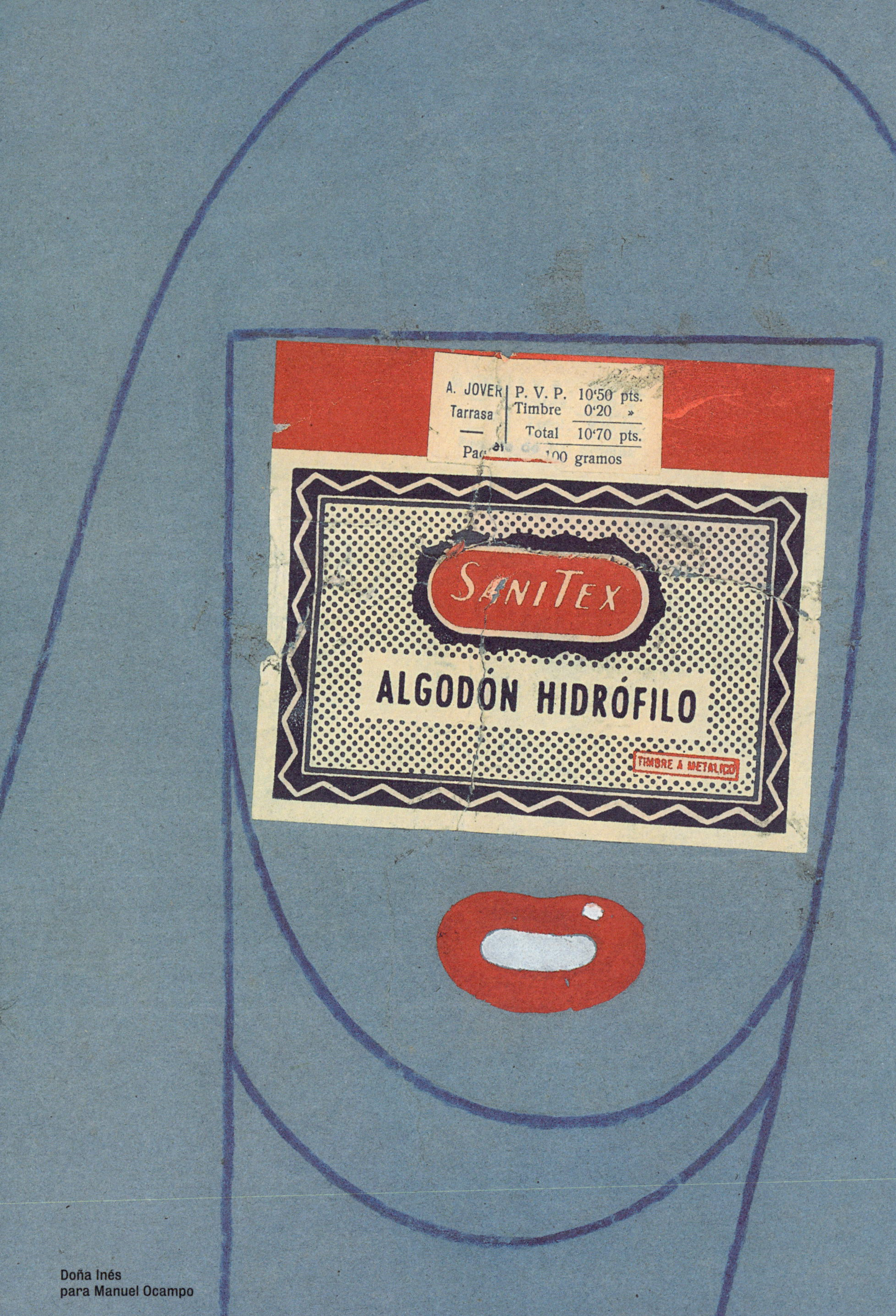

Doña Inés
para Manuel Ocampo

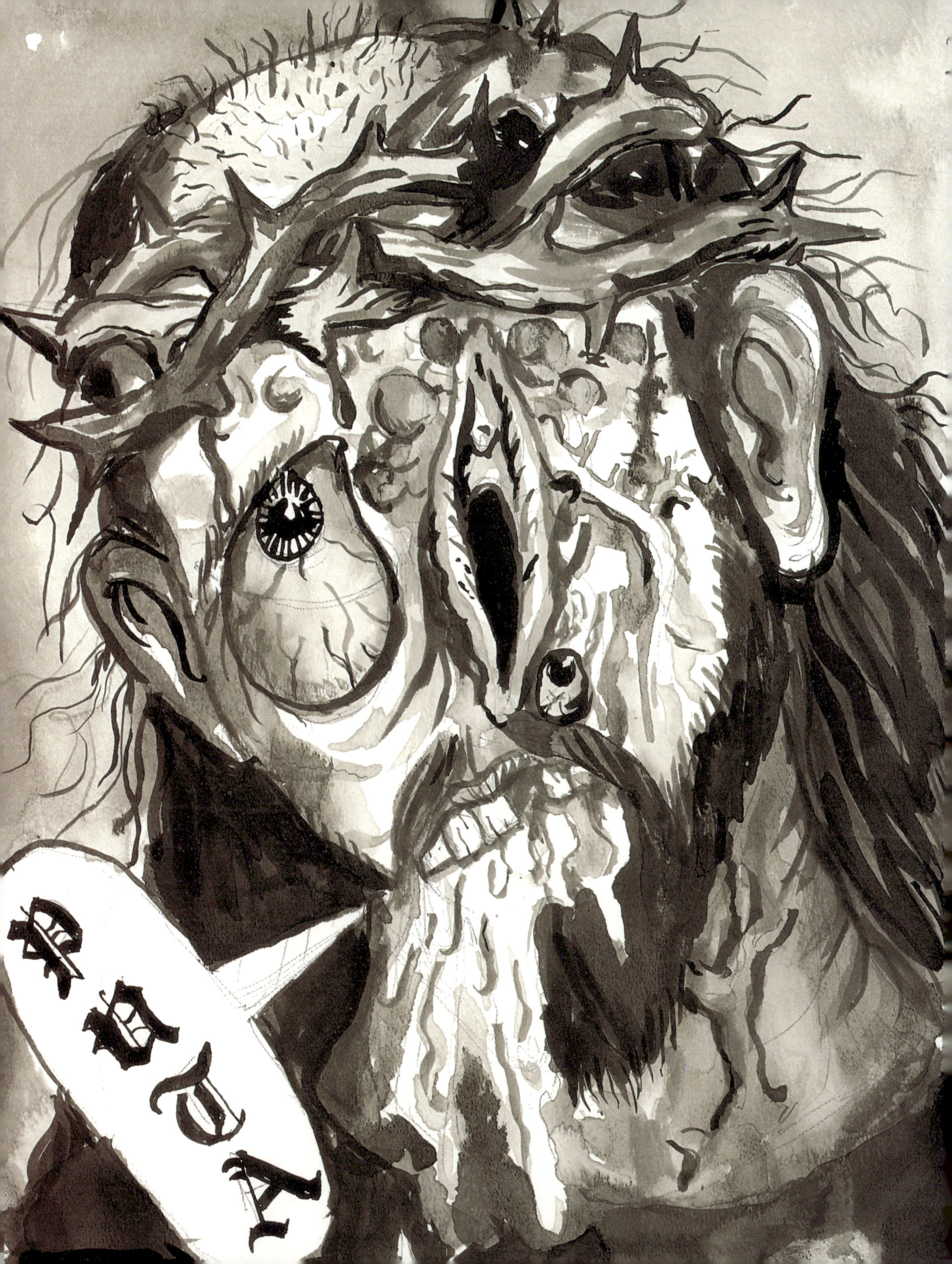
PAPA

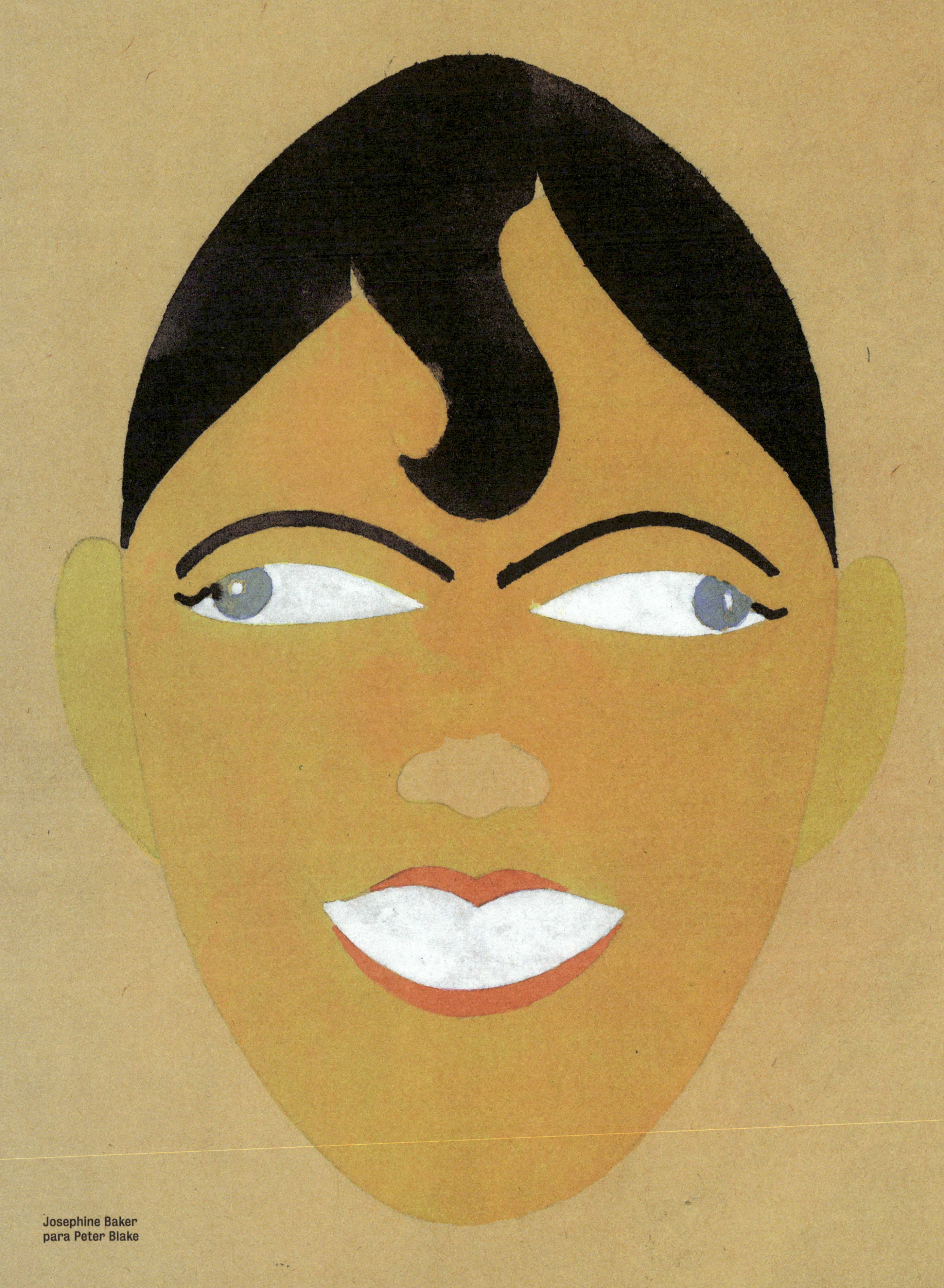

Josephine Baker
para Peter Blake

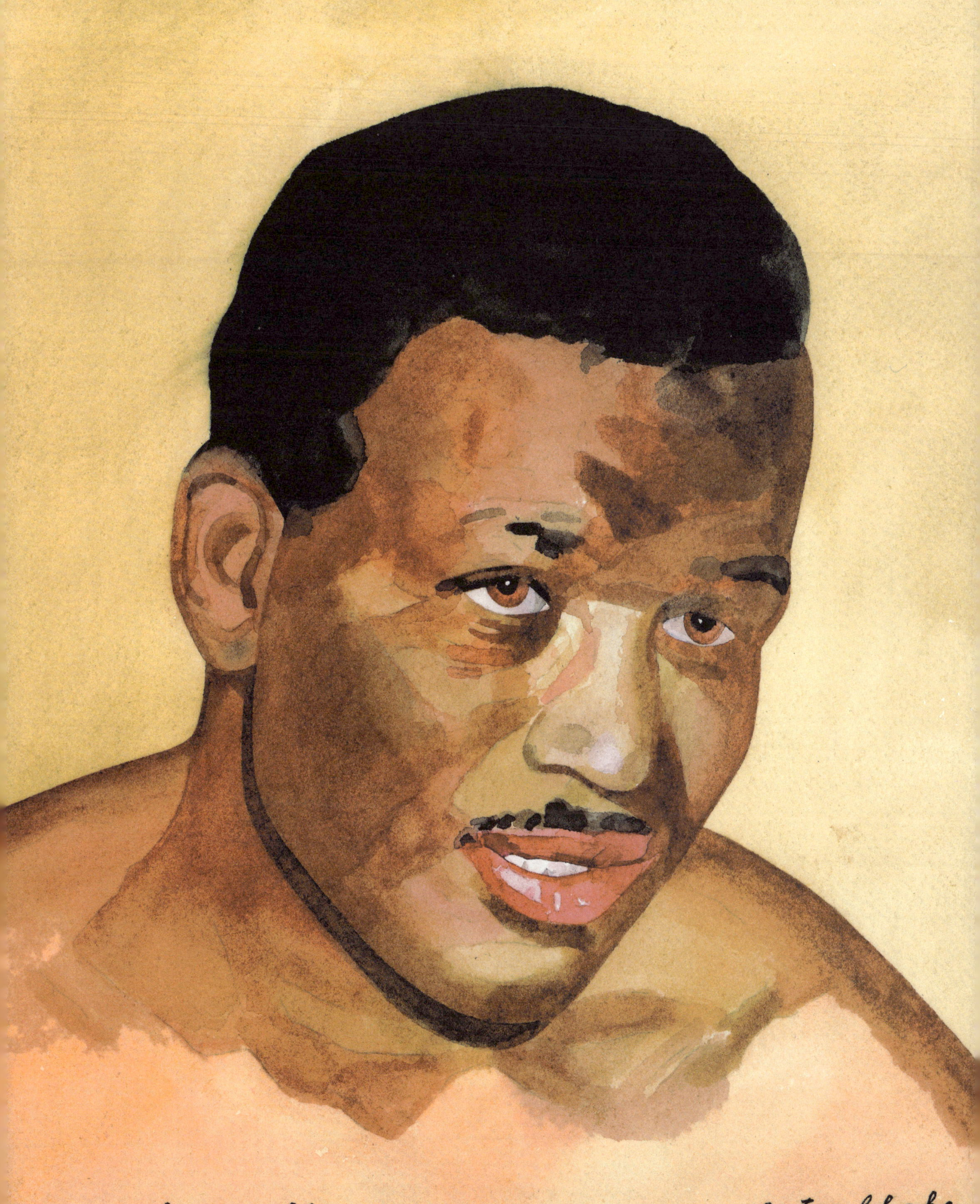
Sugar Ray Robinson.
Peter Blake

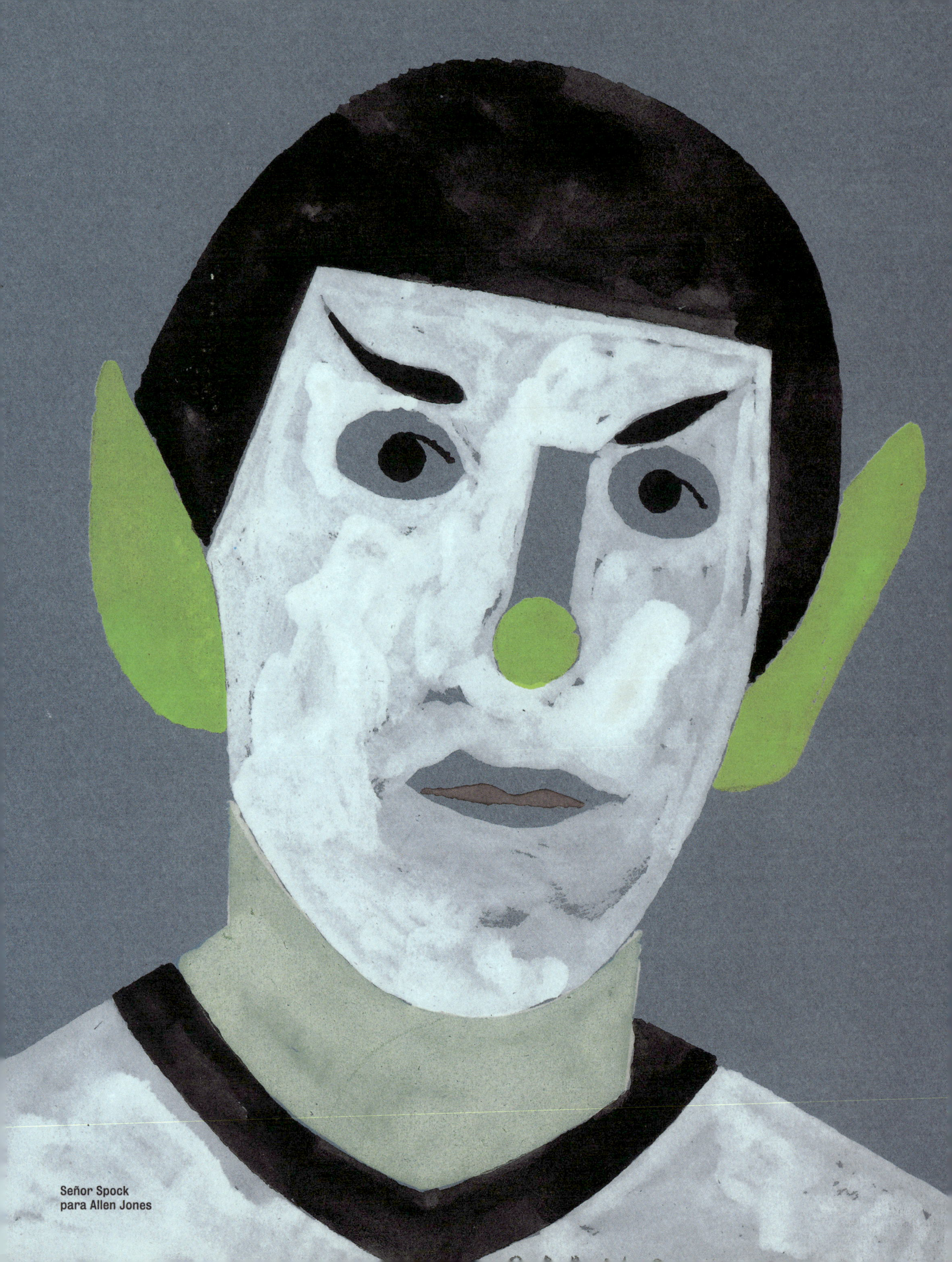

Señor Spock
para Allen Jones

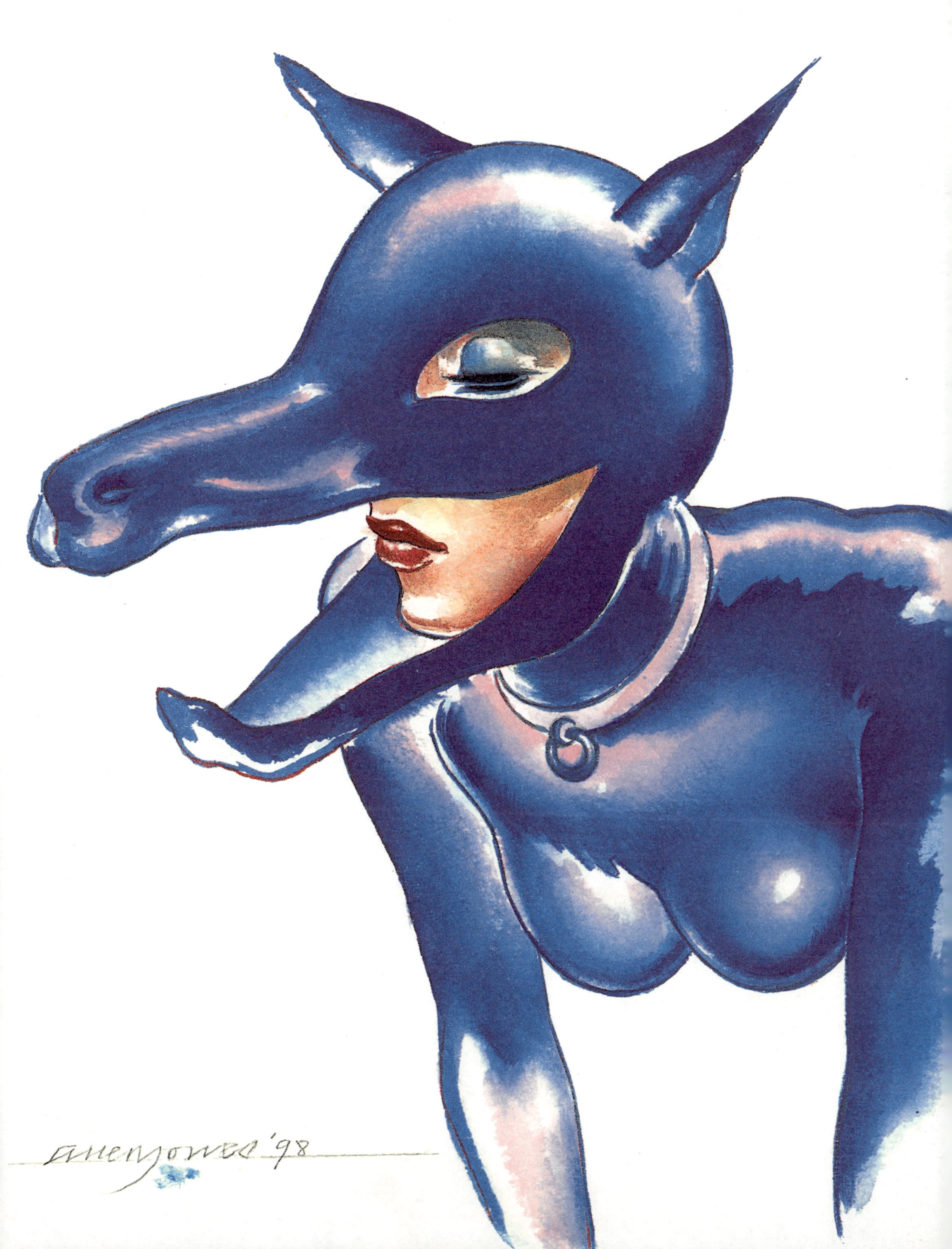

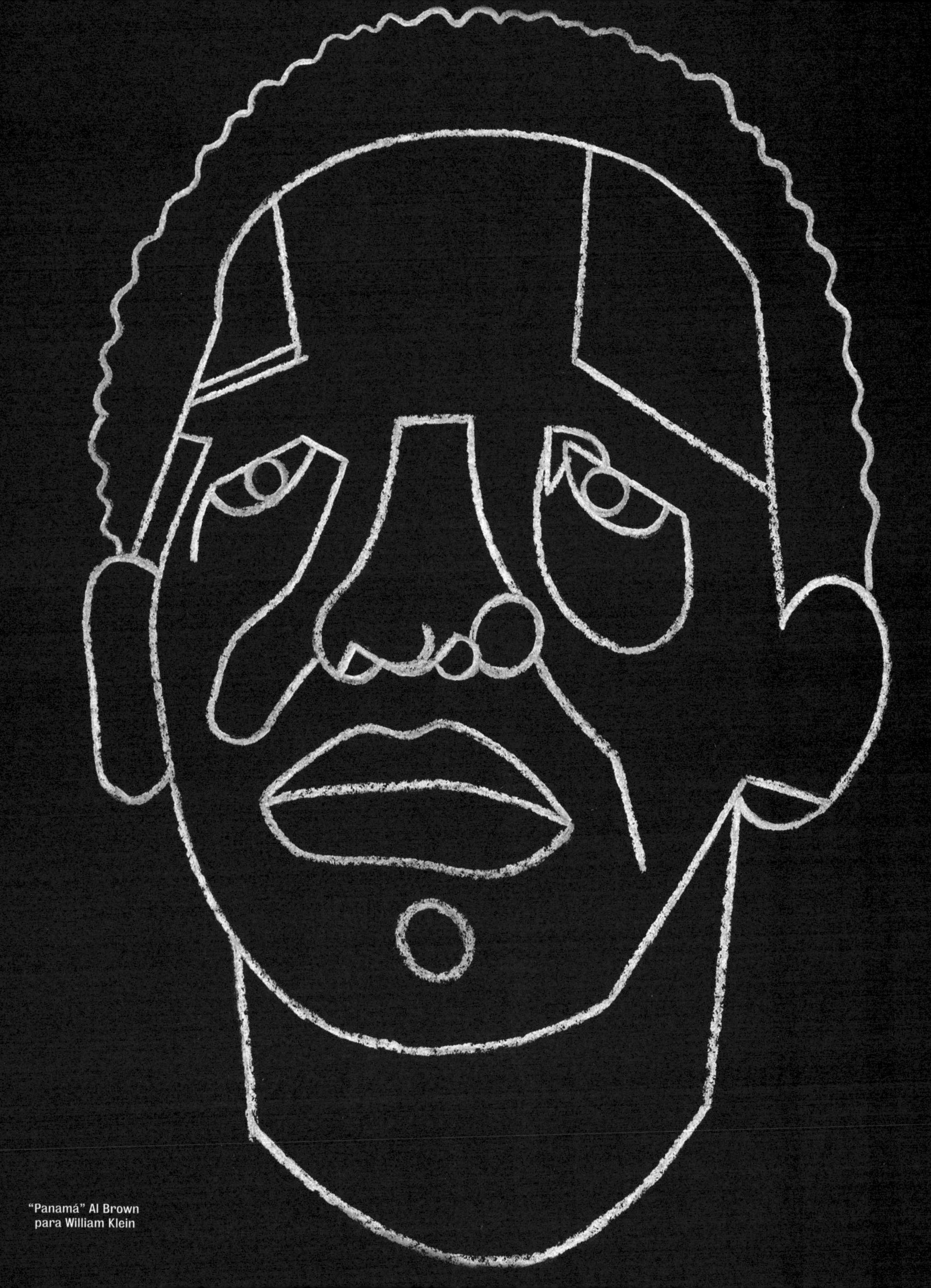

"Panamá" Al Brown
para William Klein

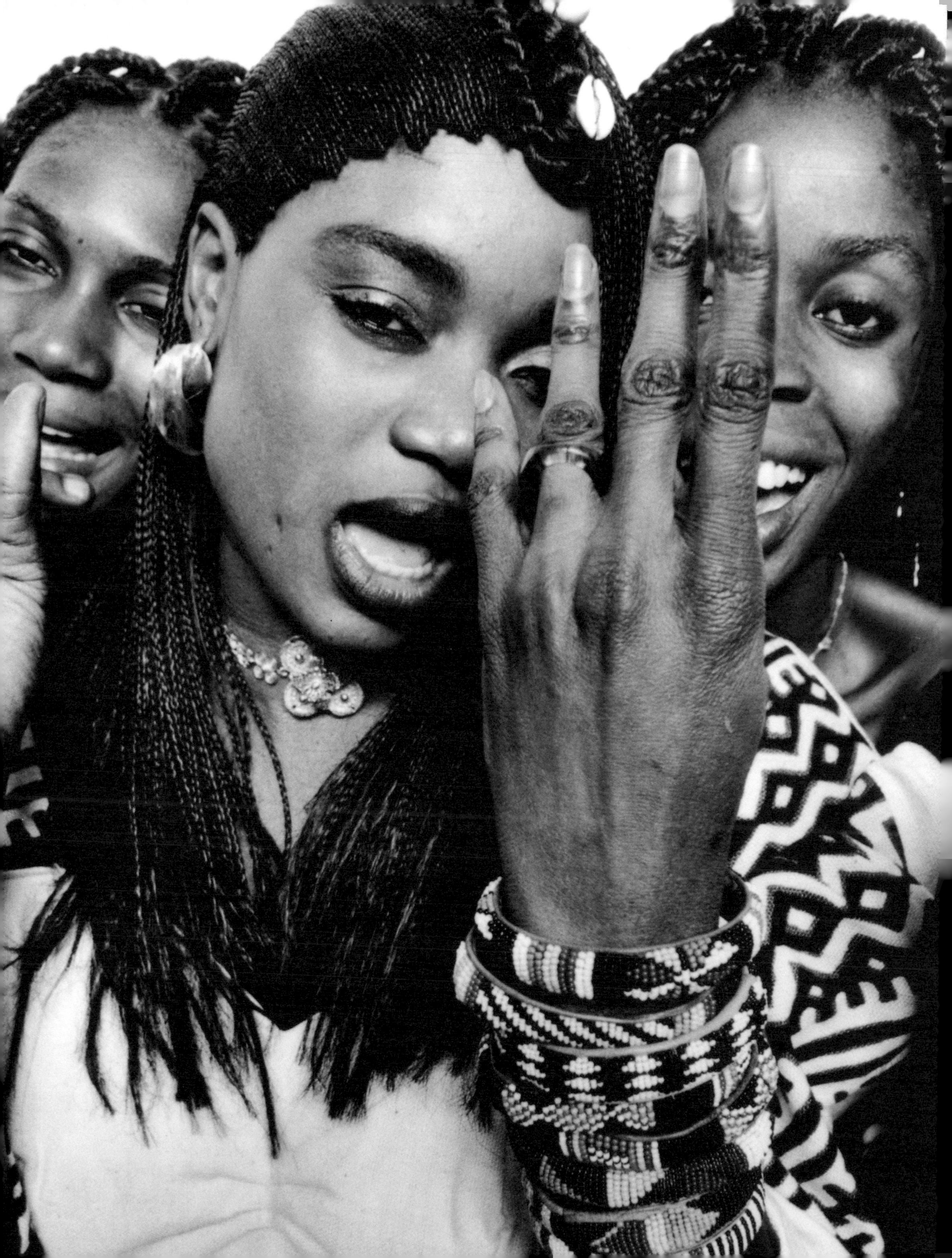

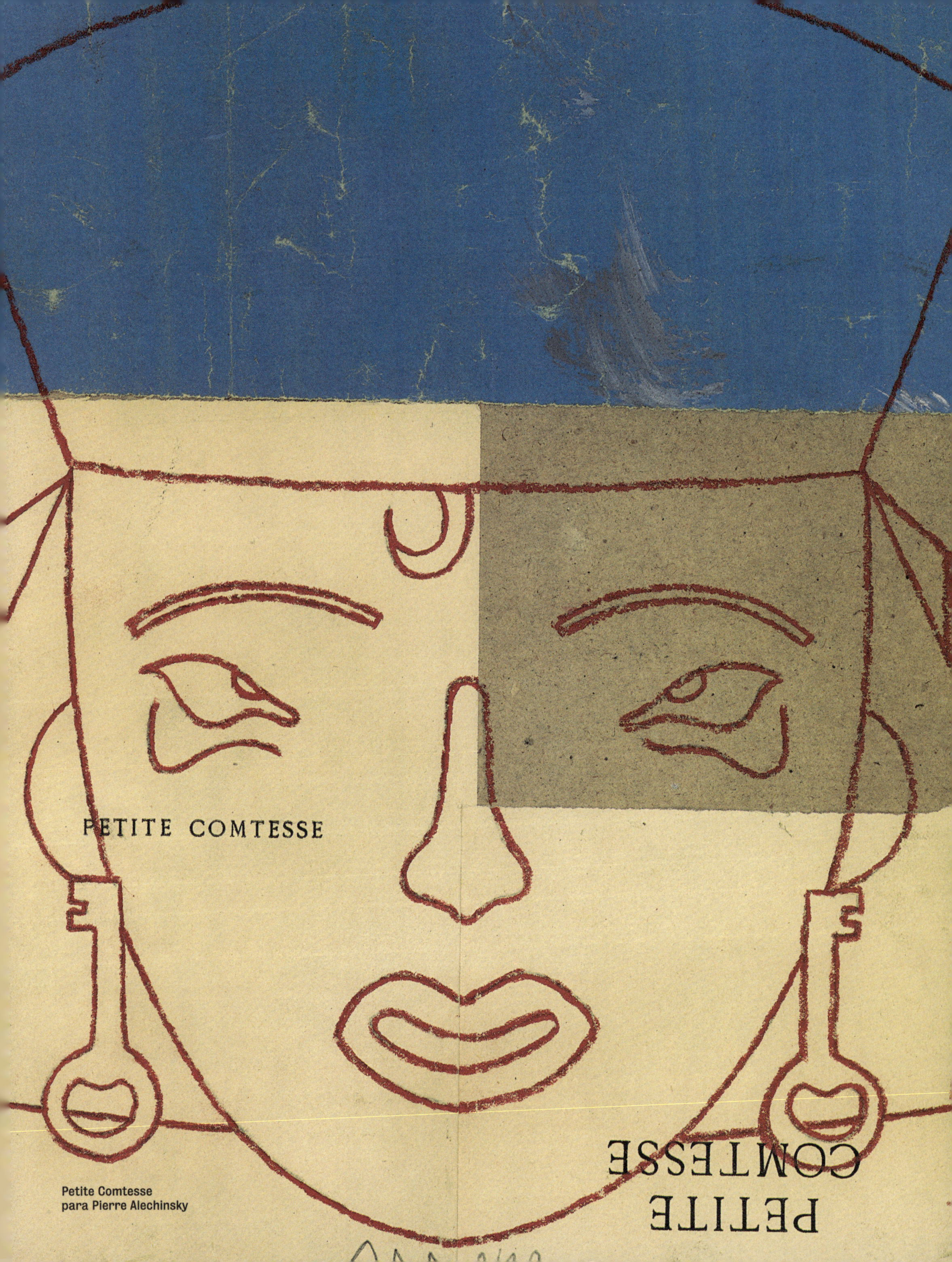

Petite Comtesse
para Pierre Alechinsky

D'ordine del Sig. Conte Giovanni Facbini Cattanei,
Conservatore della Digagna di Sermide.

REsta avvisato *Sig. Chause Carlo di Canossa* di dover pagare in Cassa di questa Digagna, tenuta dal Sig. Giacomo Menghini, Depositario della medesima, la qui sottonotata Tassa in ragione di Soldi quarantacinque per ogni Biolca conferente in Digagna, e questi entro il prossimo venturo mese di Ottobre, a norma di quanto è stato ordinato nella Convocazione de' 27. dello spirante, tenutasi nanti l'Illmo, ed Eccellmo Magistrato Camerale. Con tale occasione si avverte qualunque Sig. Interessato, che avesse debiti attrassati sì per Po, che per Dugali, a doverli aver pagati entro il termine di otto giorni; mentre, mancando a quanto viene ordinato, sarà senz'altro avviso esecutato.

Per Biolche Num. *300:* — a L. 2. 5. la Biolca L. *675:*

er debito vecchio . . . . L.

Dall'Uffizio della Digagna di Sermide li 30. Luglio 1775.

Capitano Luciano Rossi Ragionato.

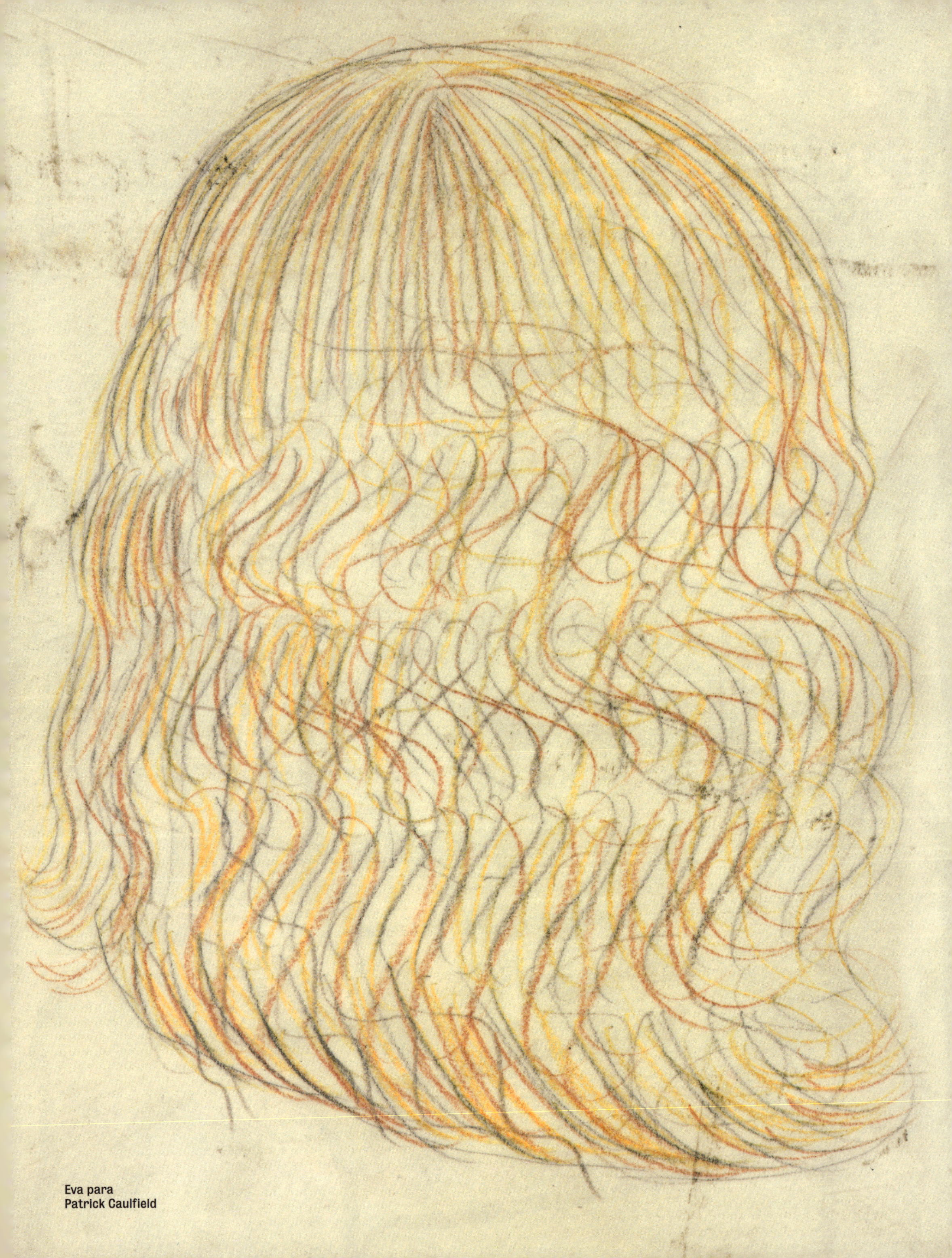

Eva para
Patrick Caulfield

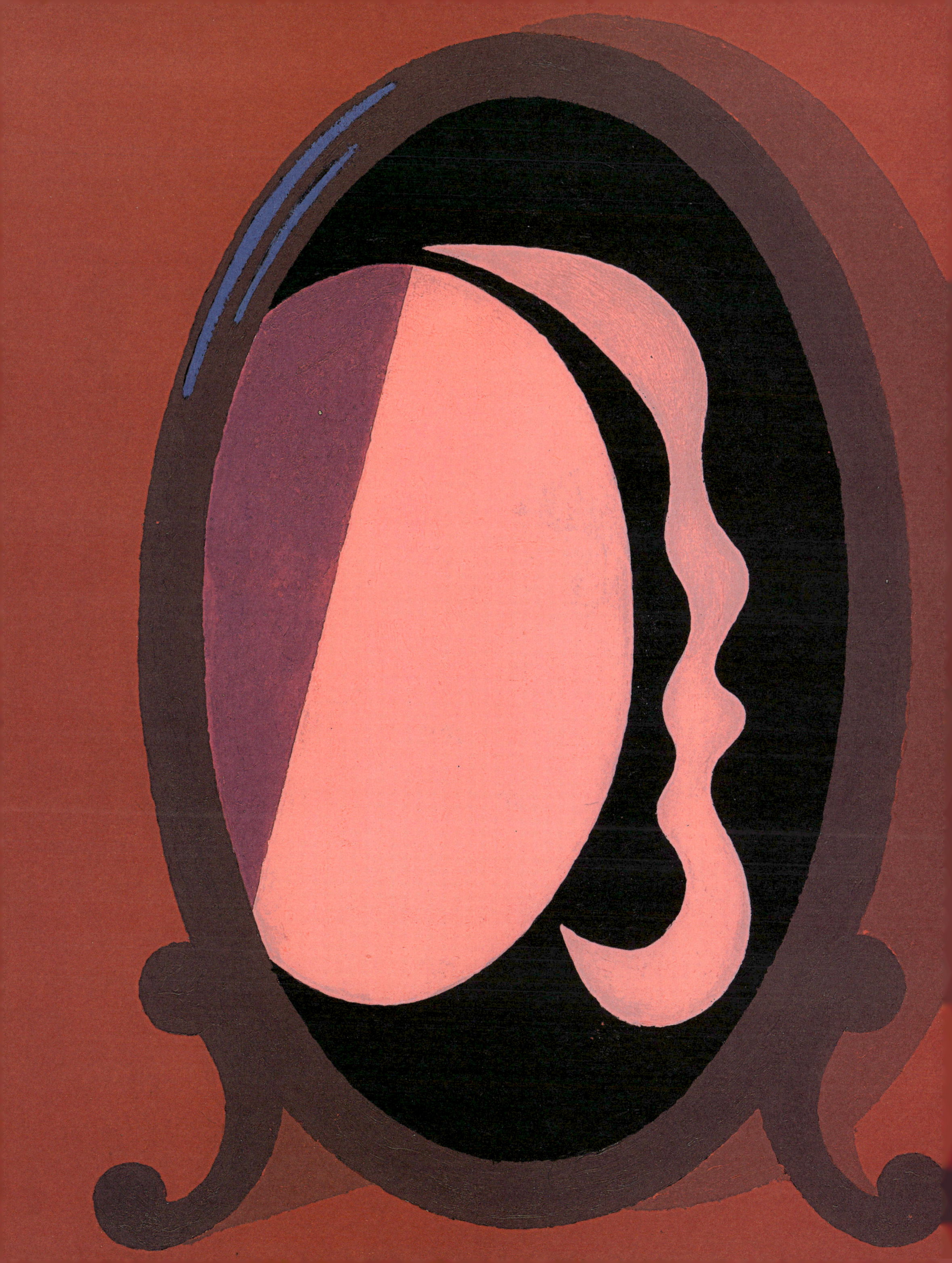

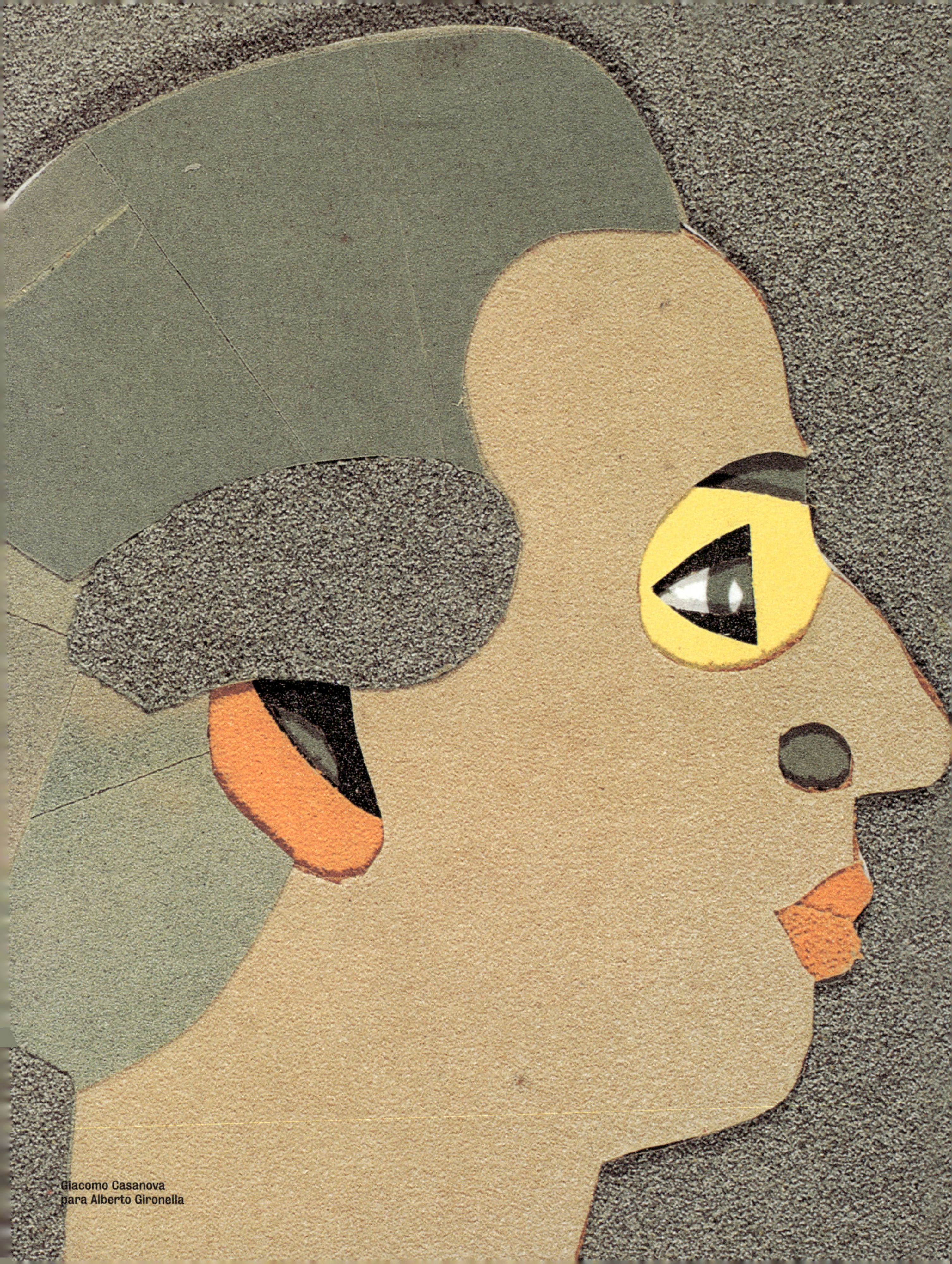

Giacomo Casanova
para Alberto Gironella

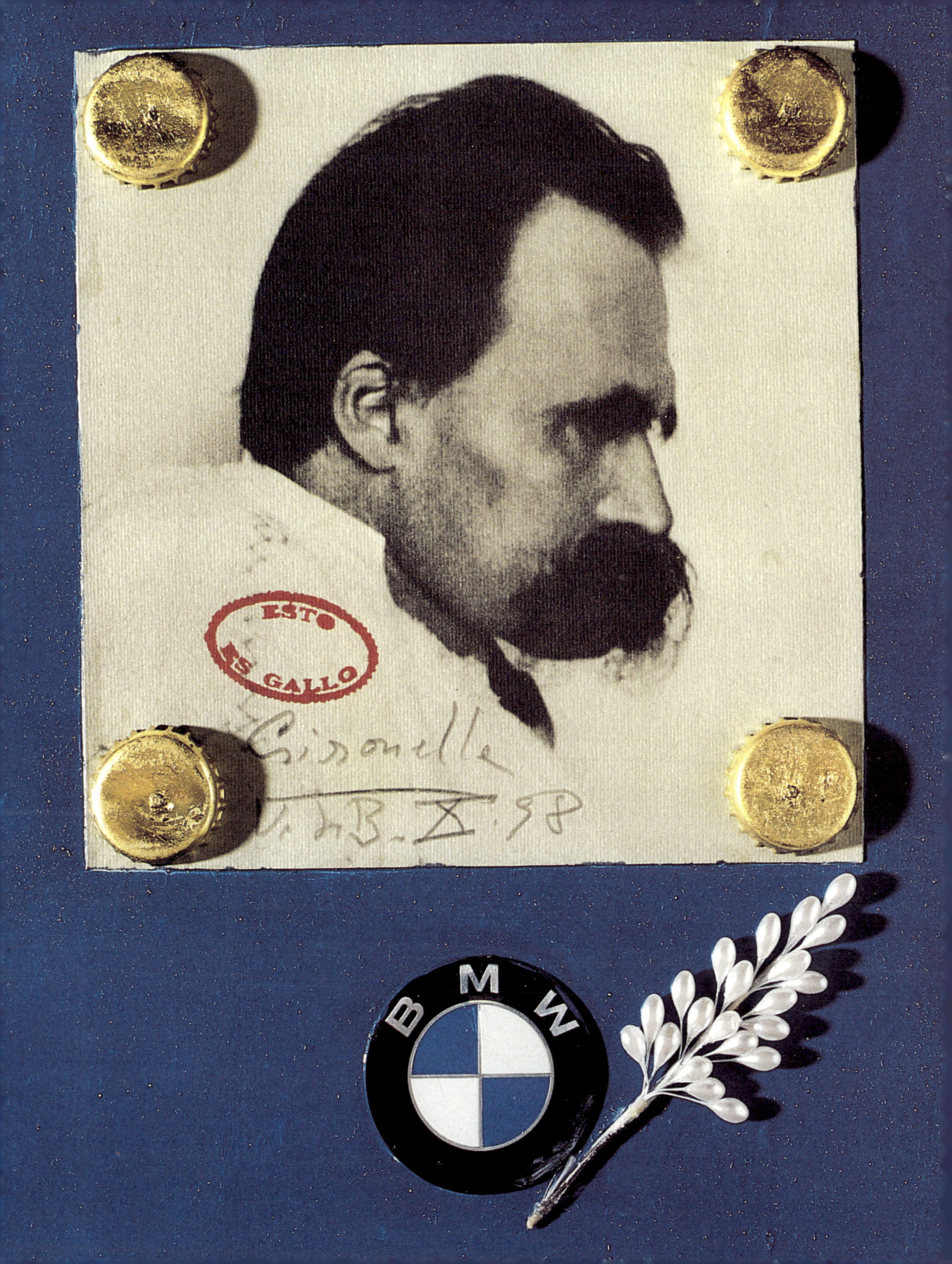

ESTO ES GALLO
BMW
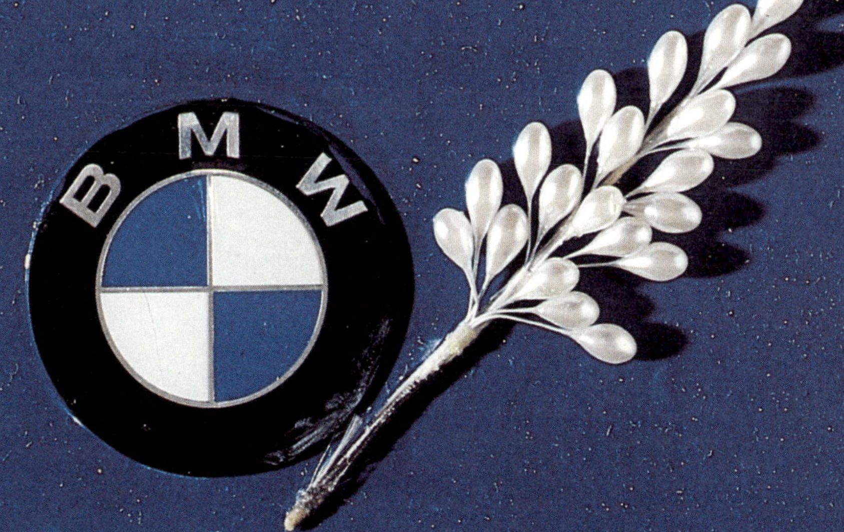

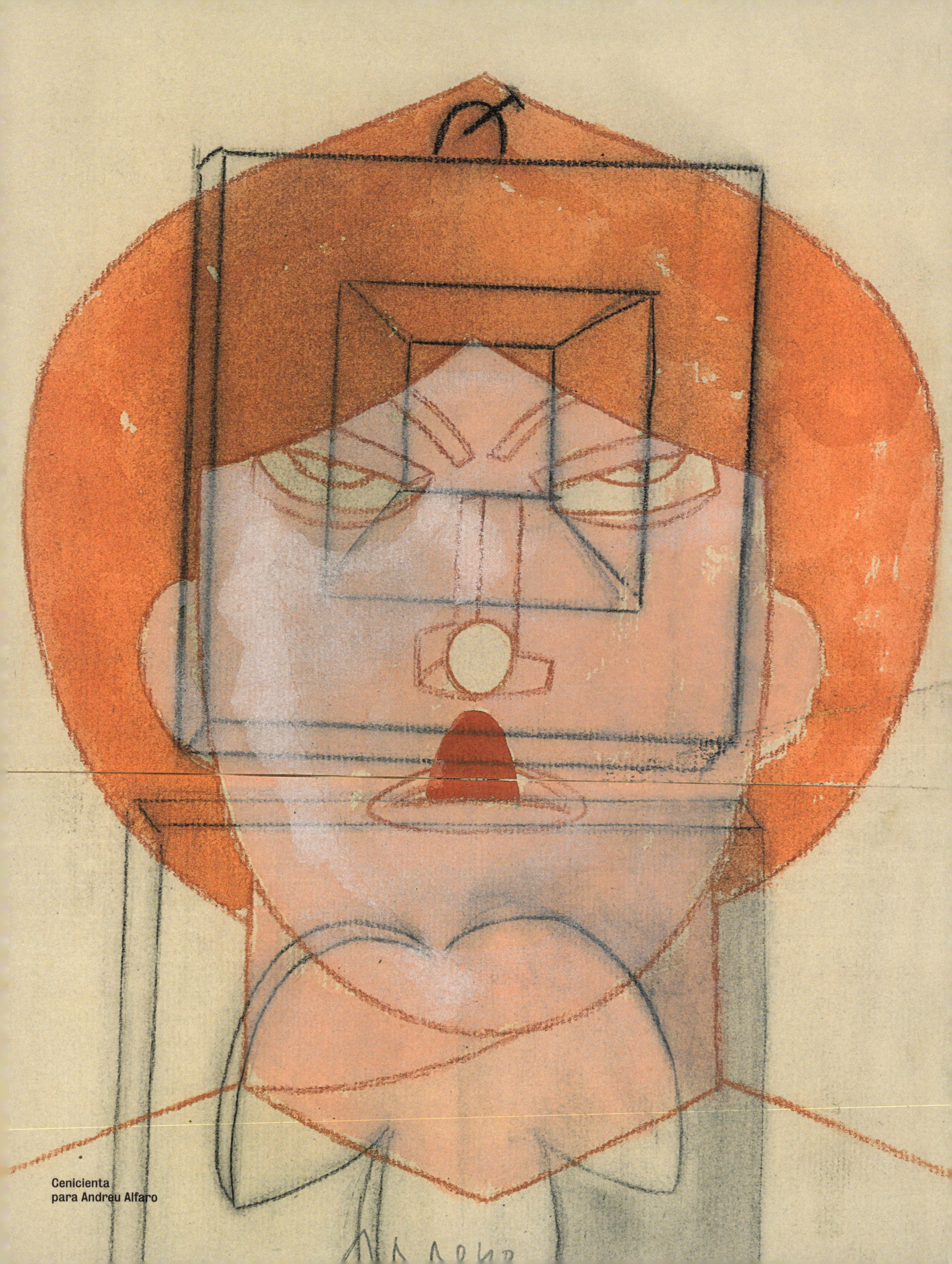

Cenicienta
para Andreu Alfaro

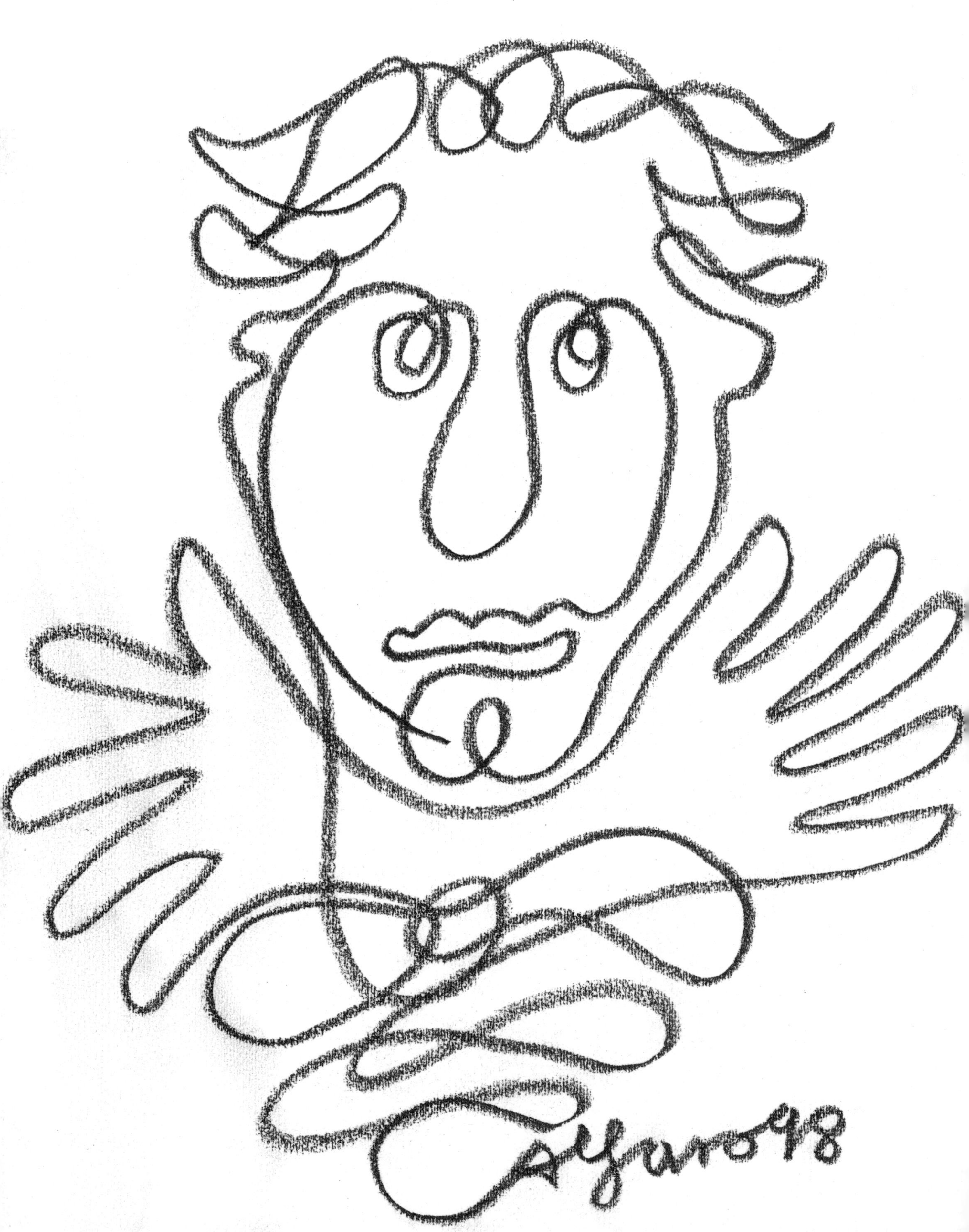

Alfaro 98

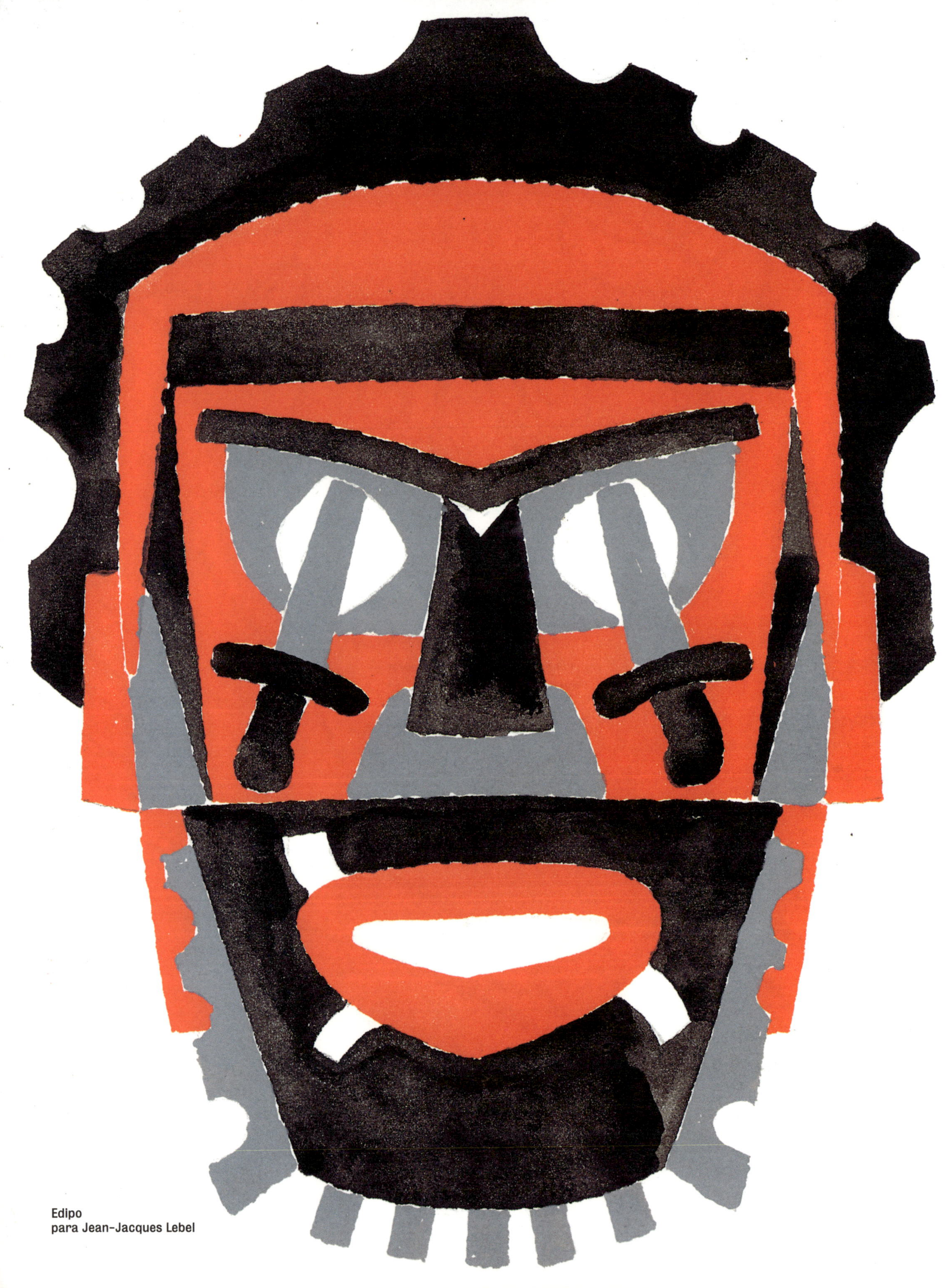

Edipo
para Jean-Jacques Lebel

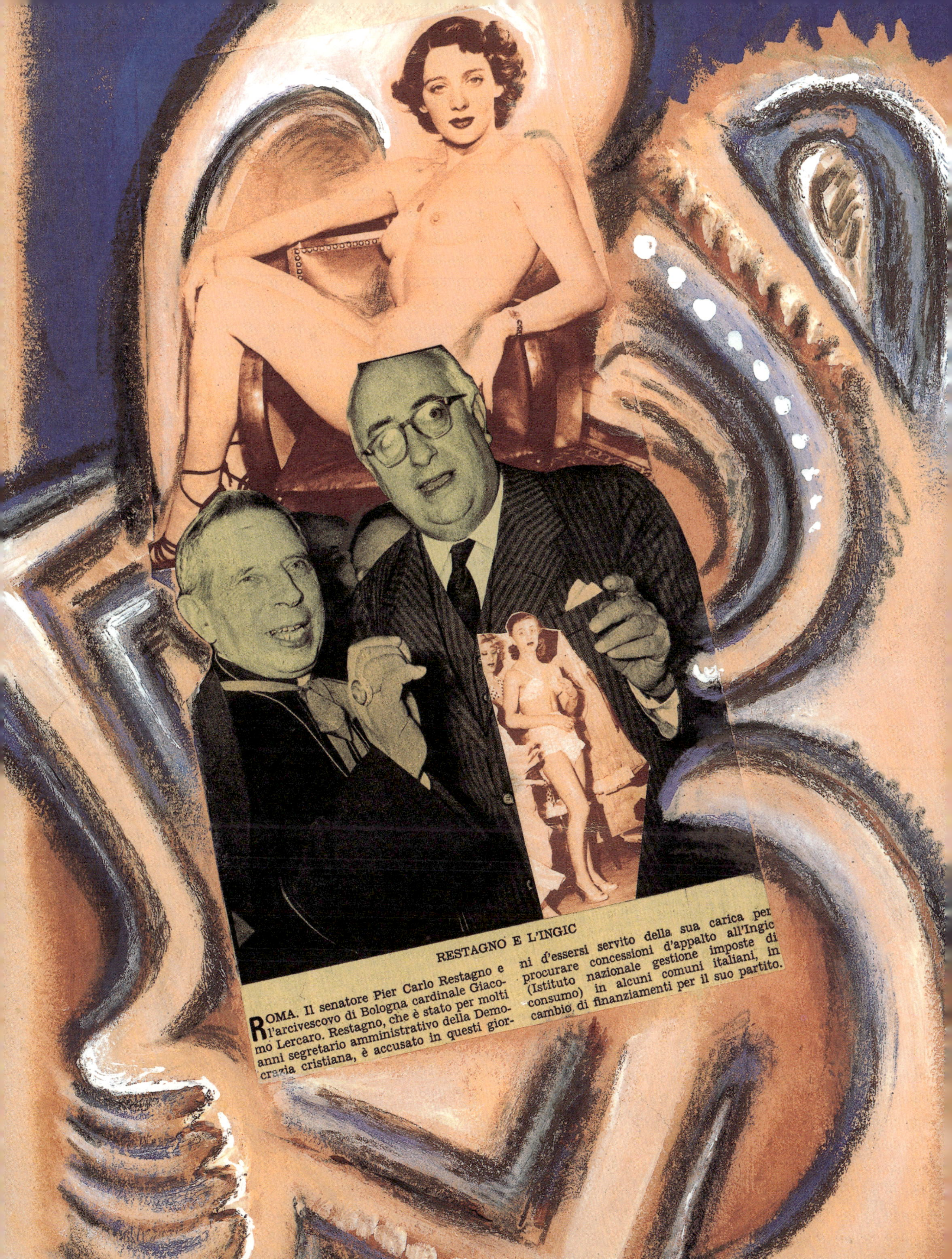

ROMA. Il senatore Pier Carlo Restagno e l'arcivescovo di Bologna cardinale Giacomo Lercaro. Restagno, che è stato per molti anni segretario amministrativo della Democrazia cristiana, è accusato in questi giorni d'essersi servito della sua carica per procurare concessioni d'appalto all'Ingic (Istituto nazionale gestione imposte di consumo) in alcuni comuni italiani, in cambio di finanziamenti per il suo partito.

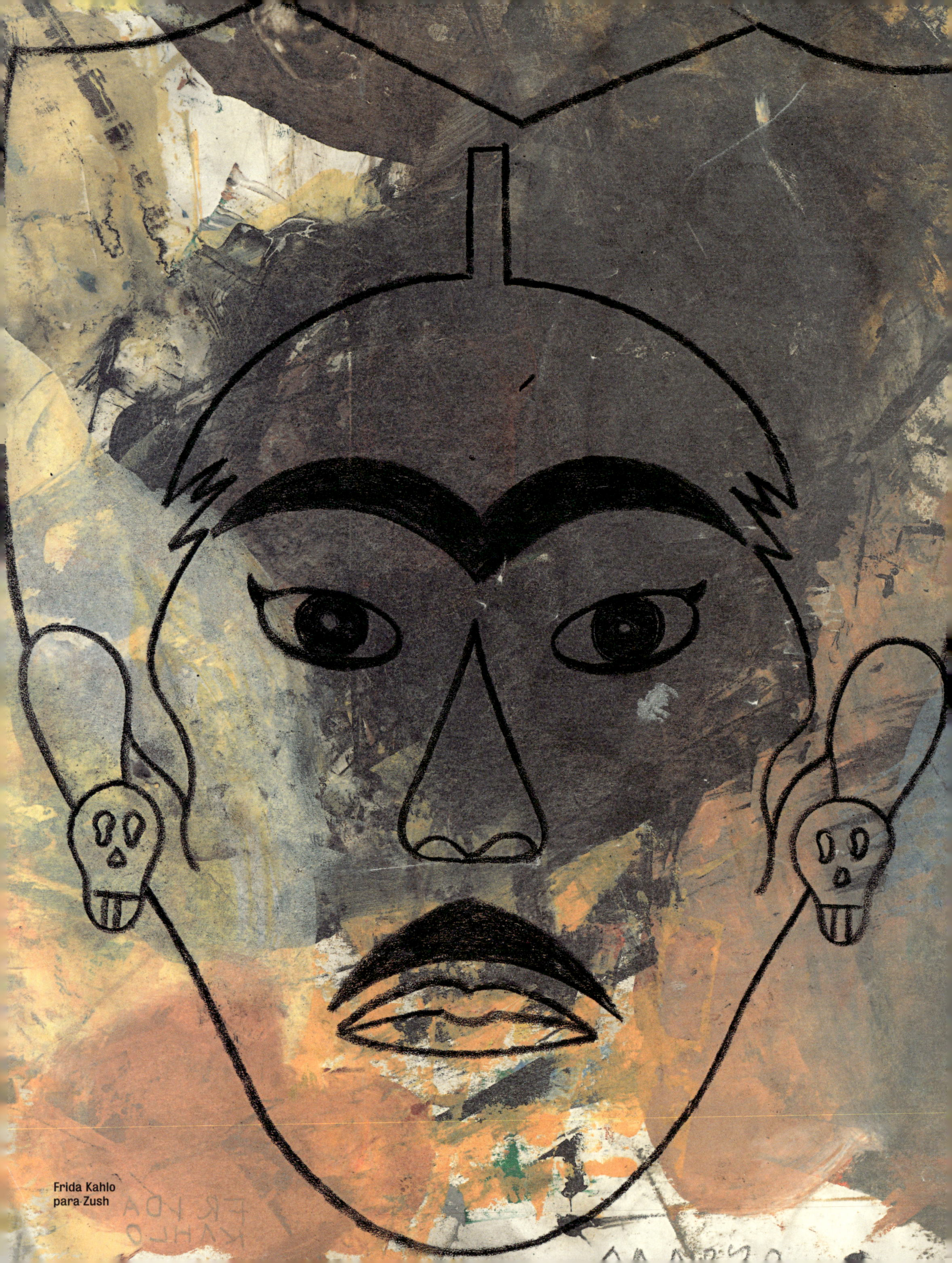

Frida Kahlo
para Zush

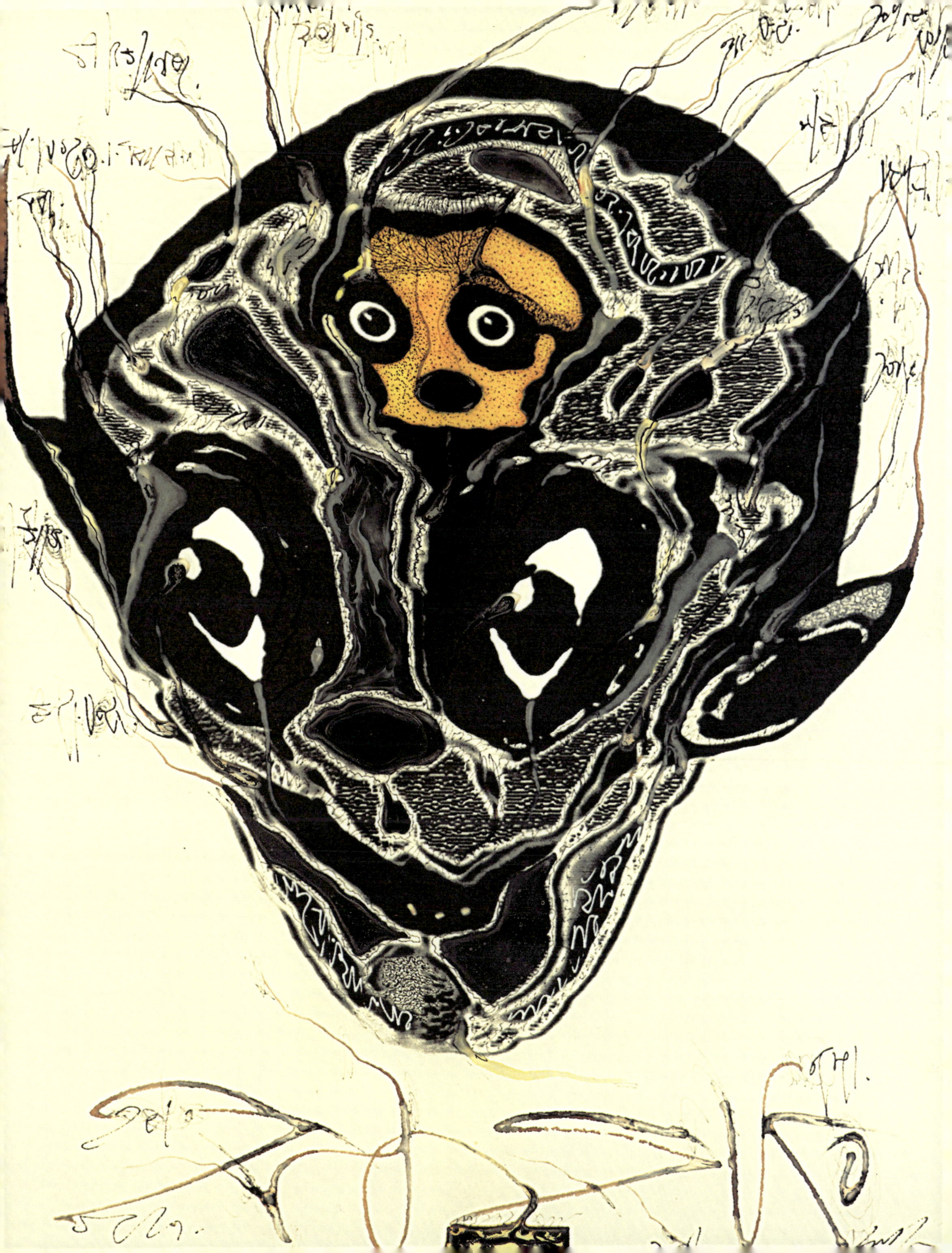

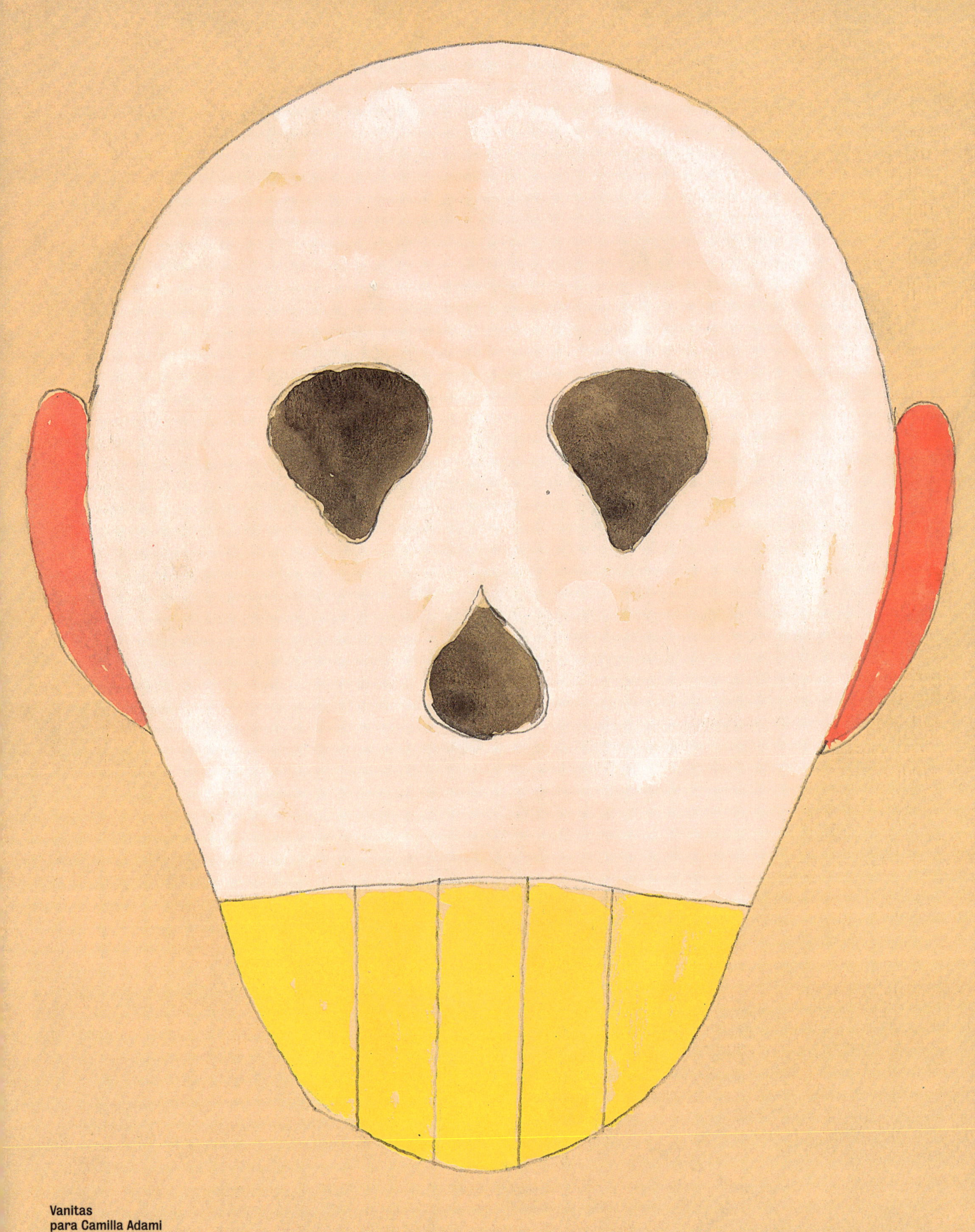

Vanitas
para Camilla Adami

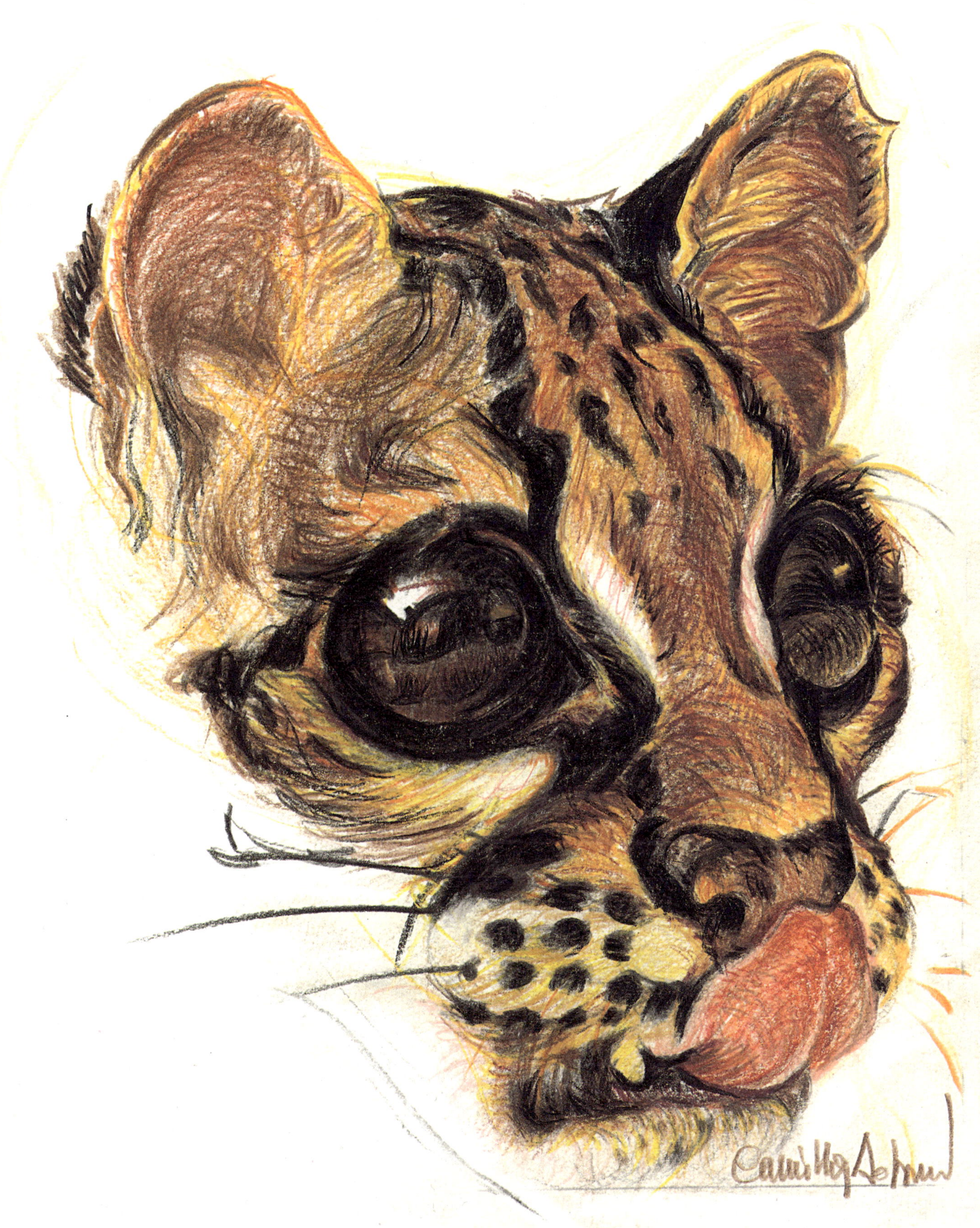
Camilla John

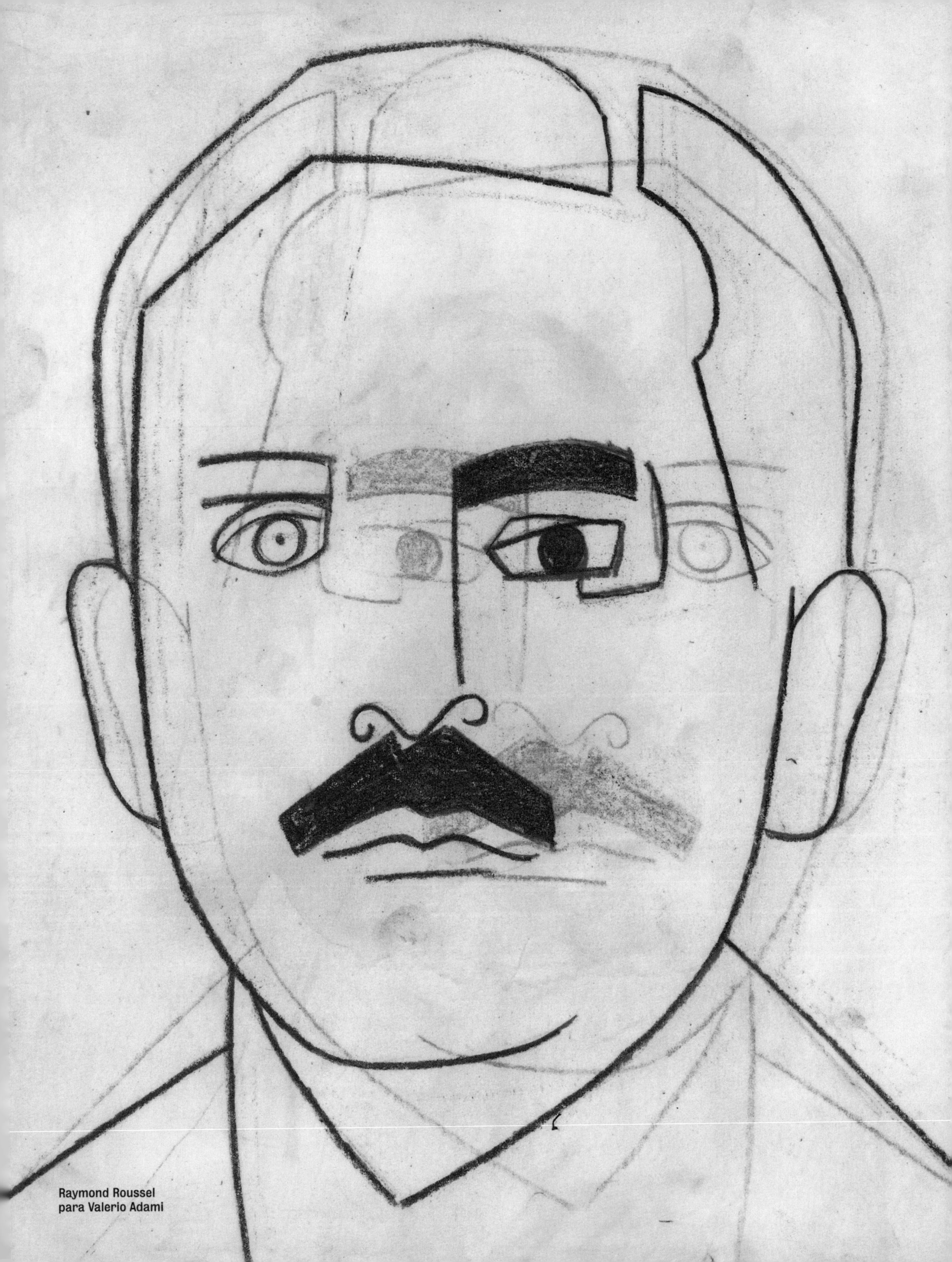

Raymond Roussel
para Valerio Adami

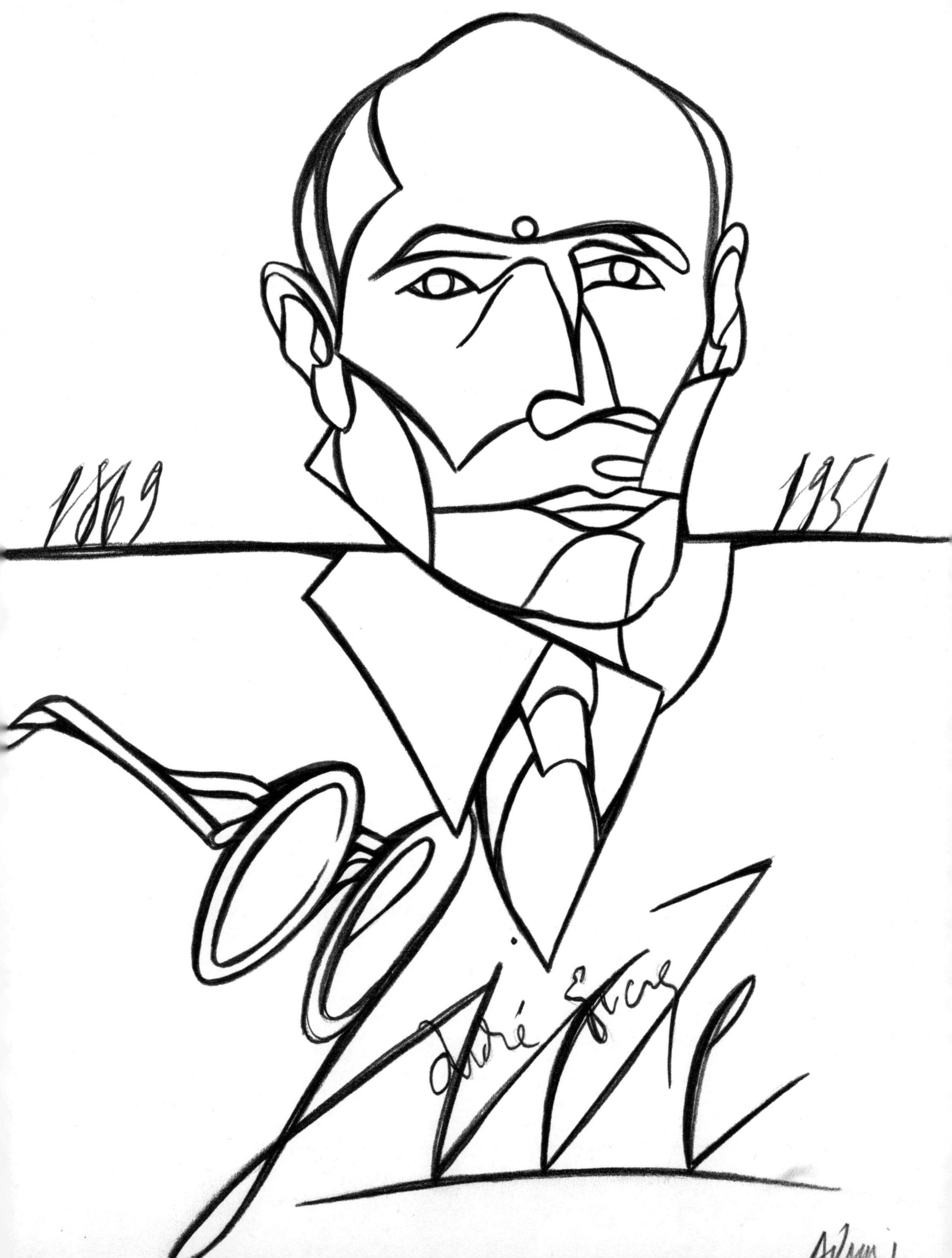
1869
1951
André Gide

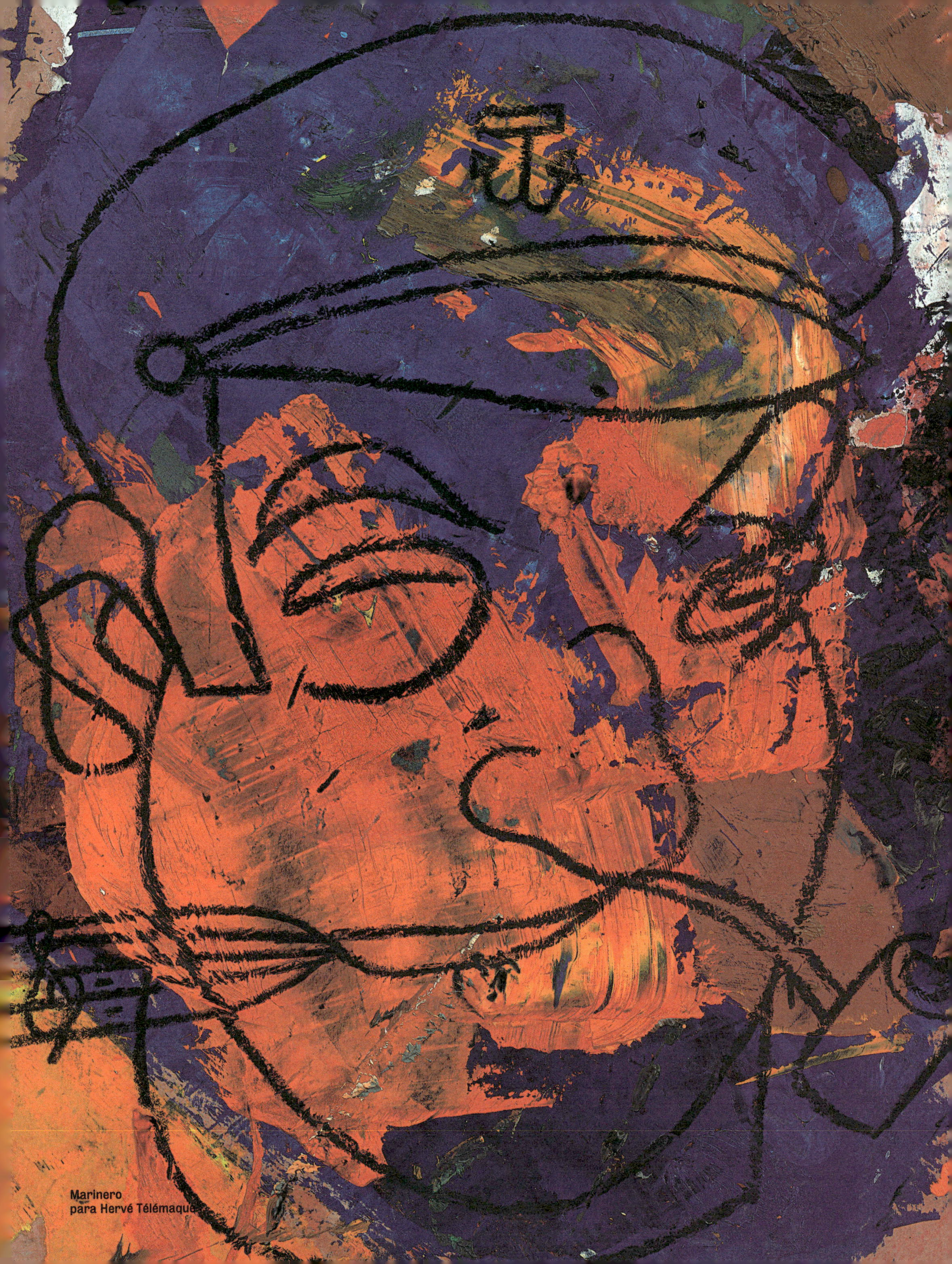

Marinero
para Hervé Télémaque

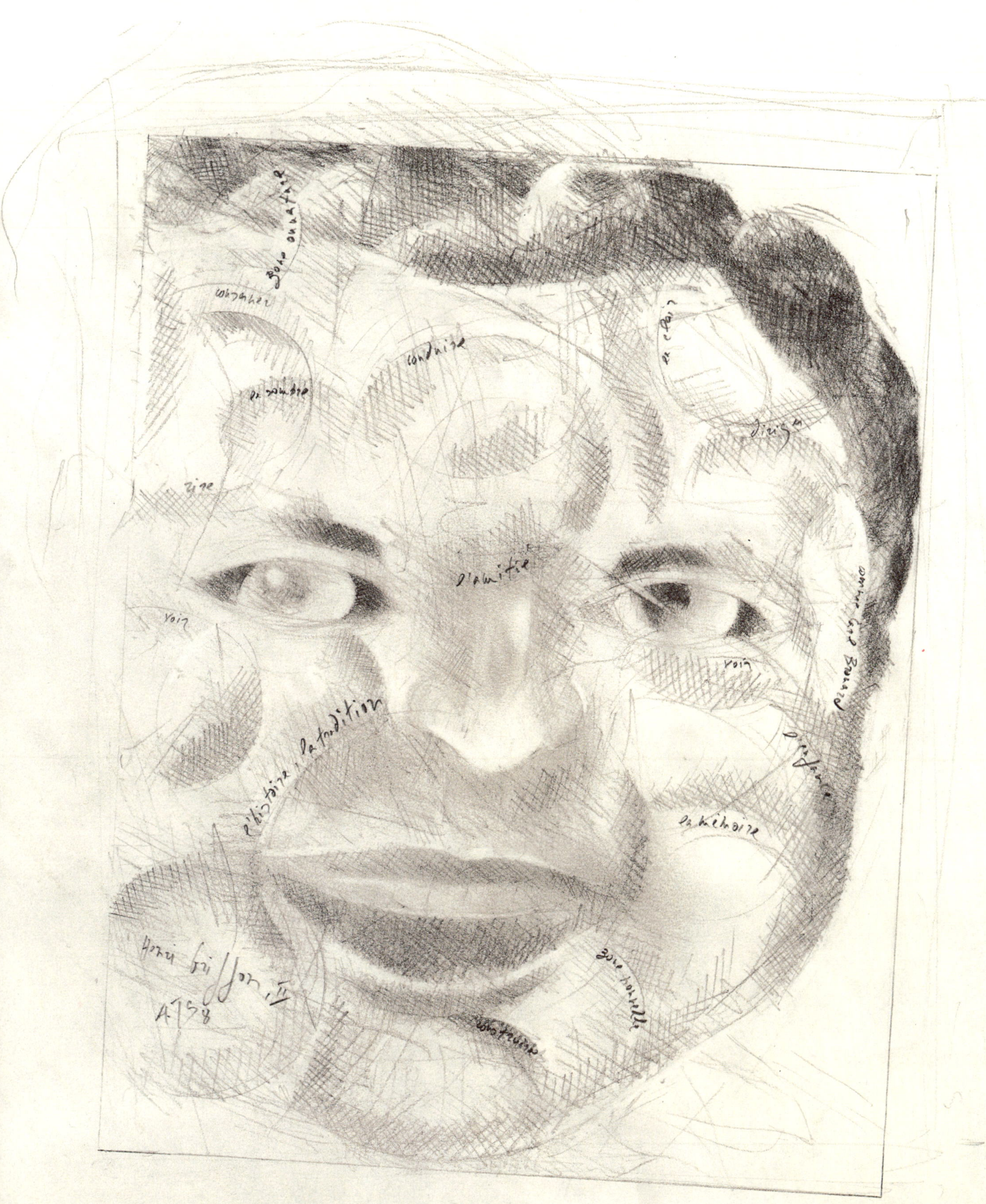

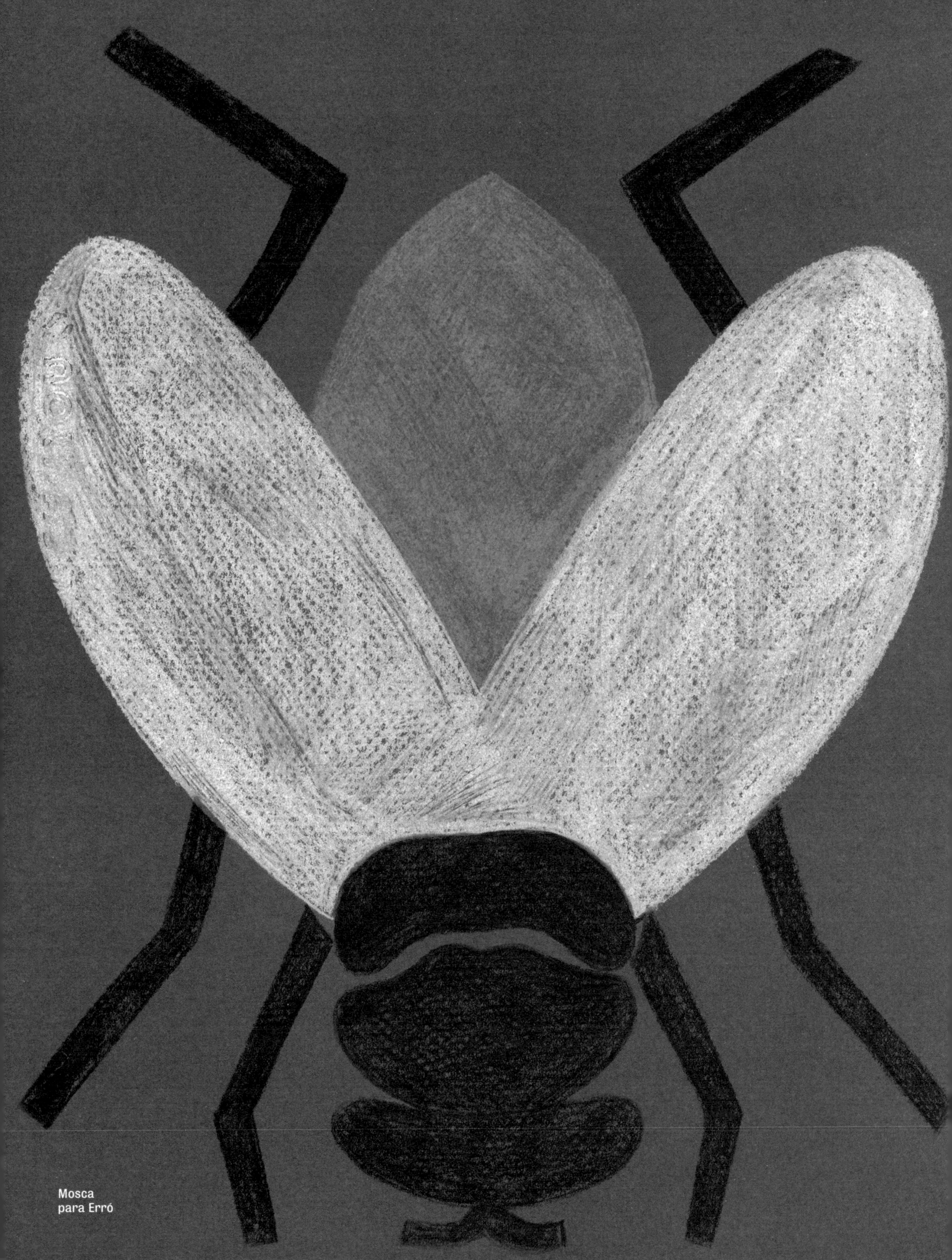

Mosca
para Erró

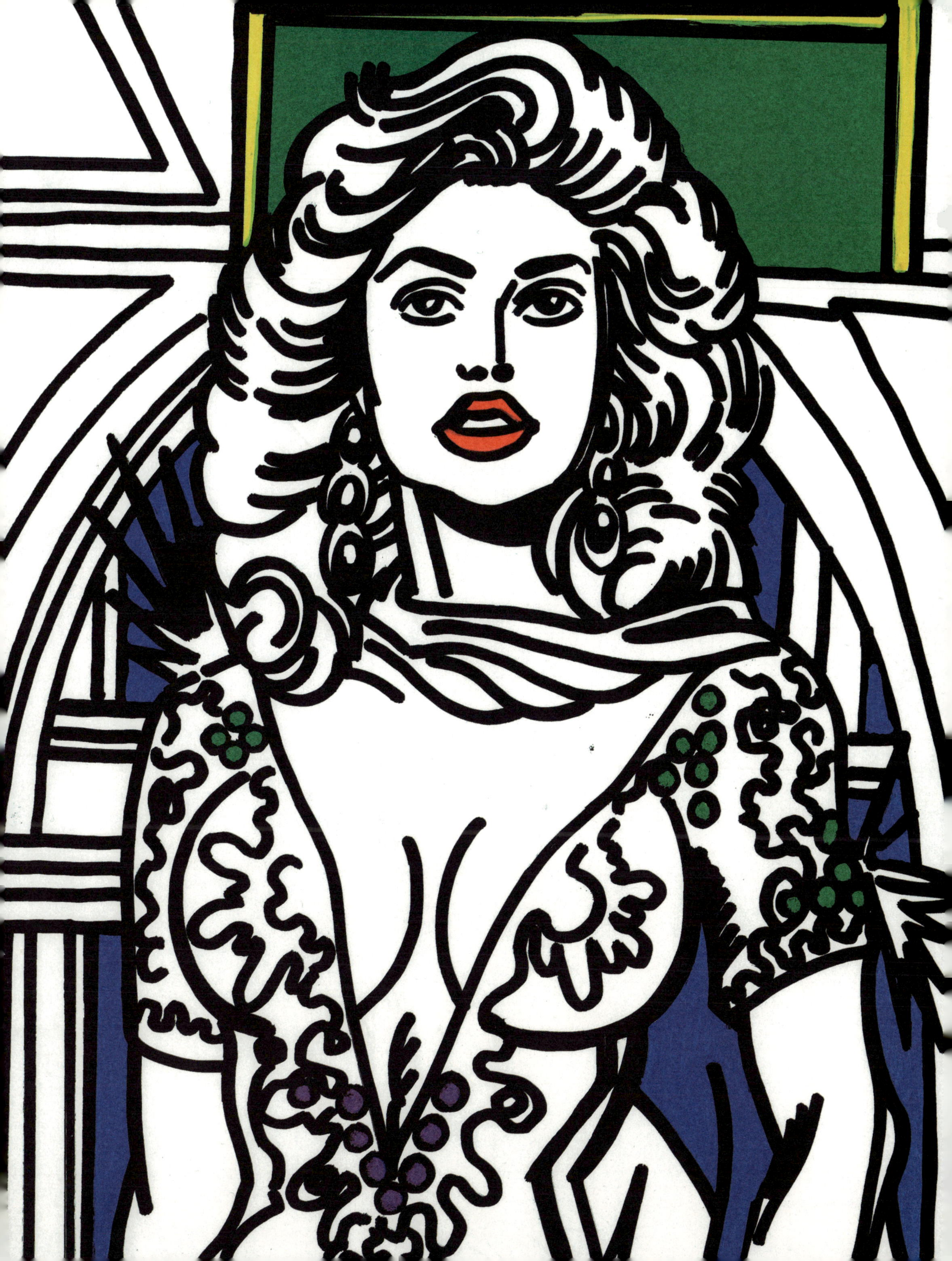

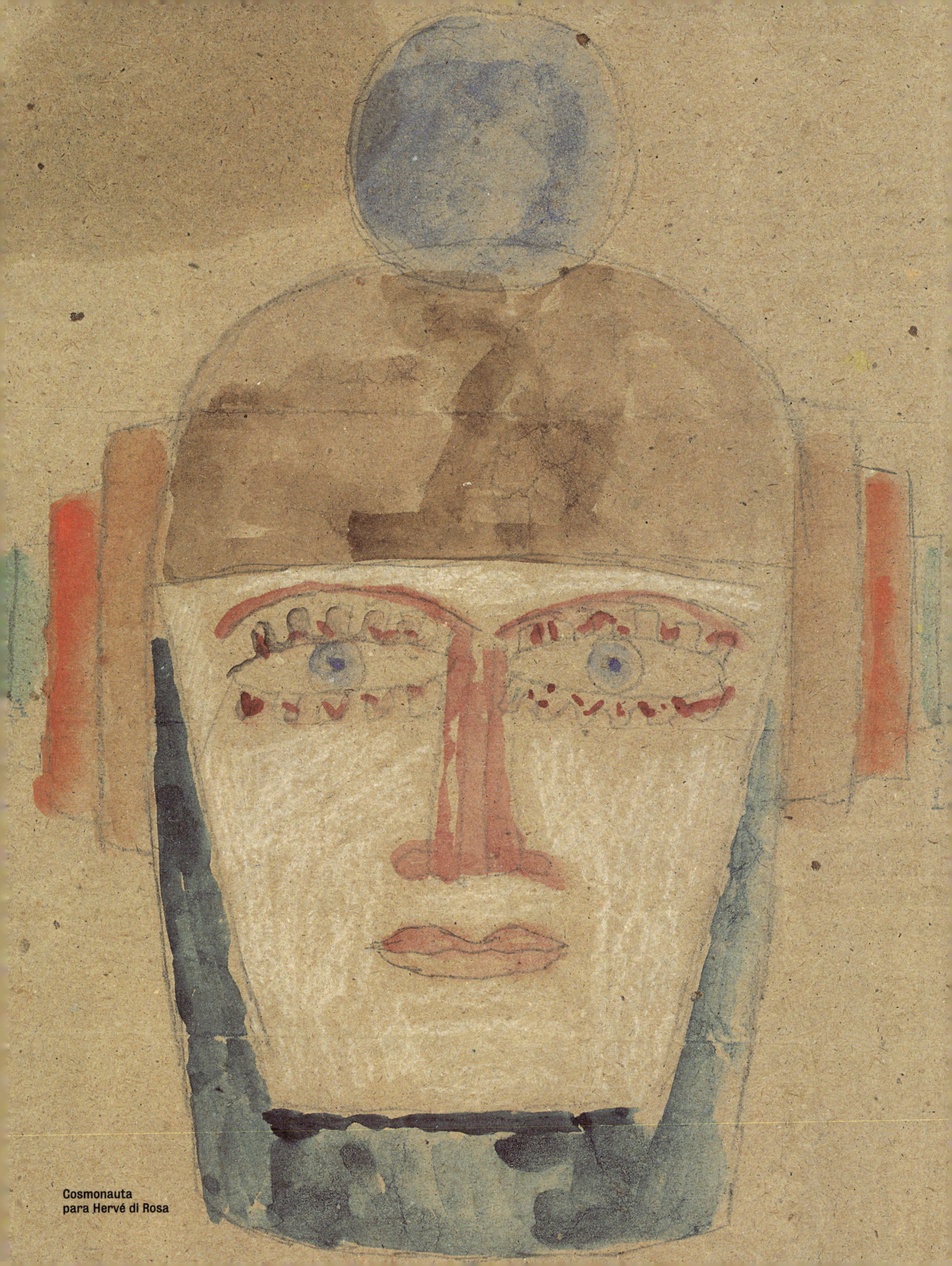

Cosmonauta
para Hervé di Rosa

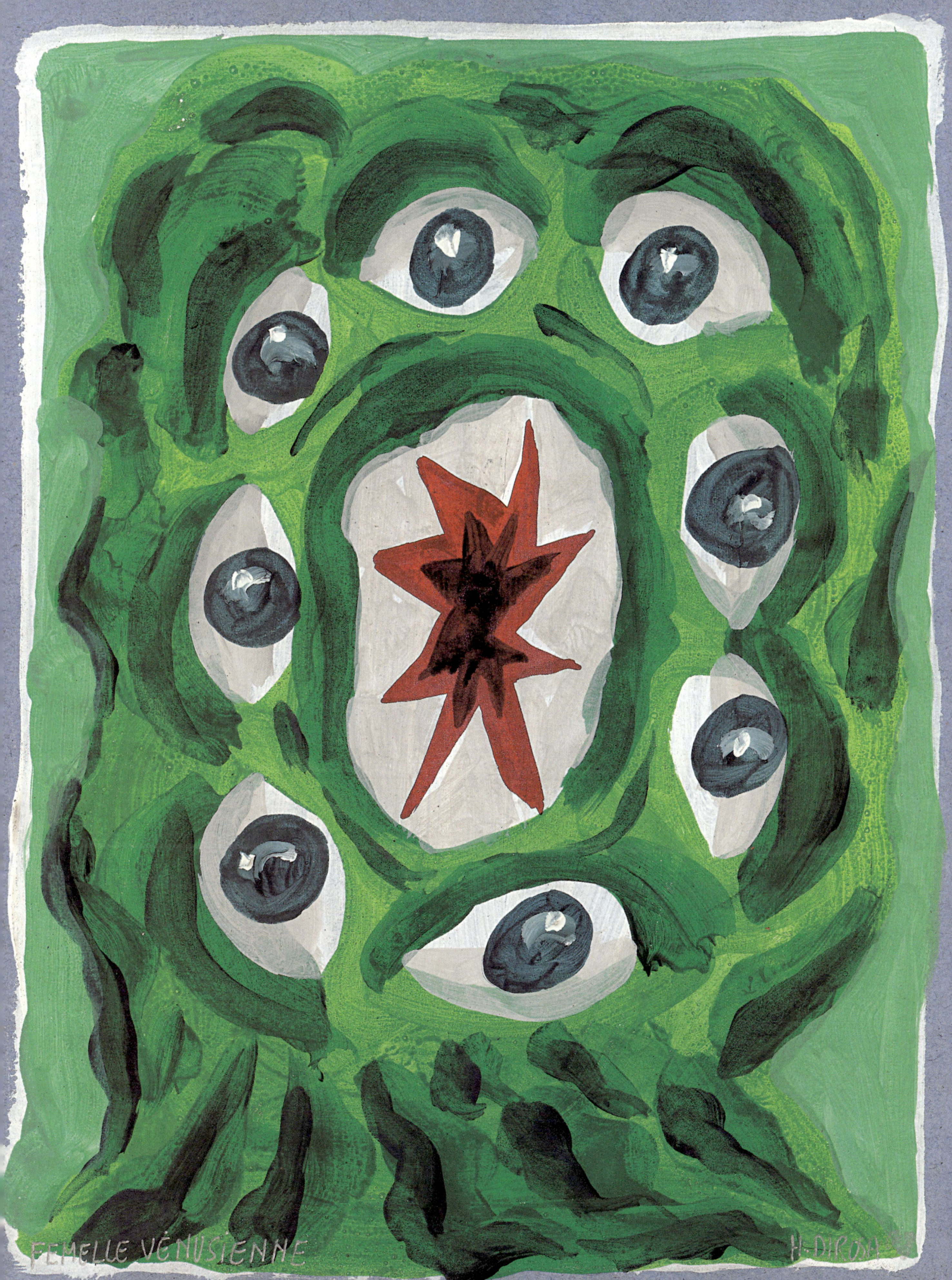
FEMELLE VÉNUSIENNE
H. DIROM

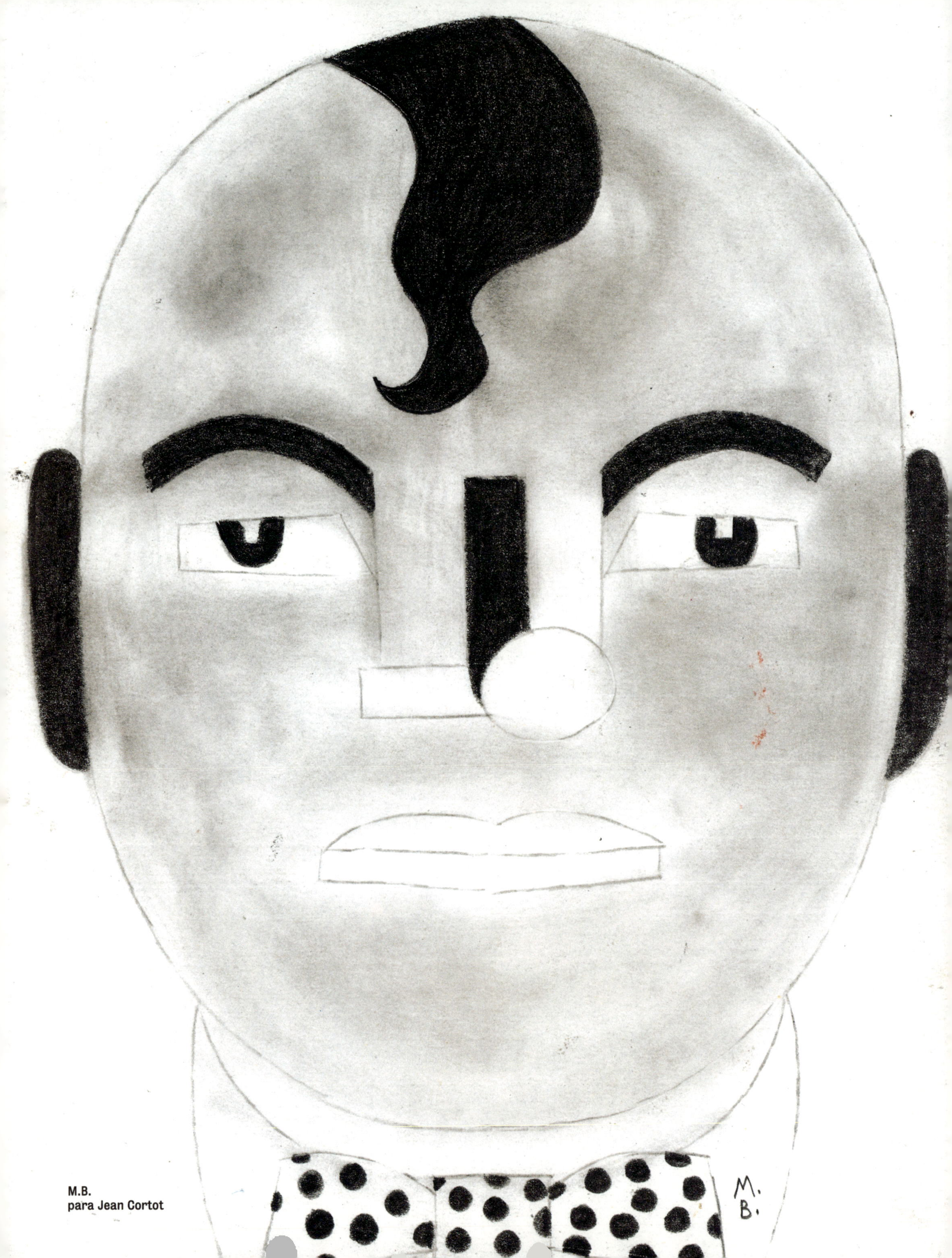

M.B.
para Jean Cortot

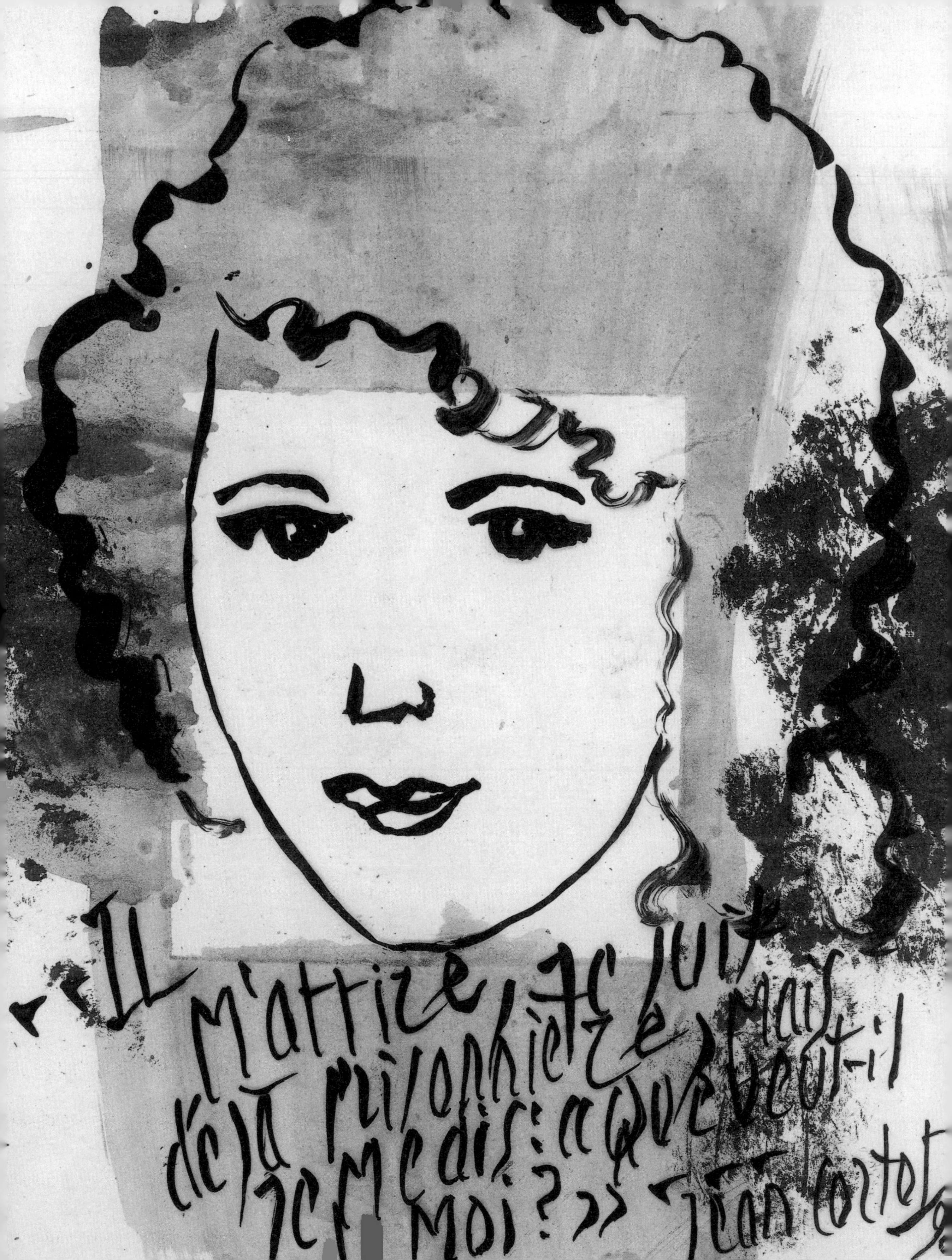

«Il m'attire, je suis
déjà prisonnière. Mais il
me dis: «Que veut-il de
moi?»» Jean Cocteau

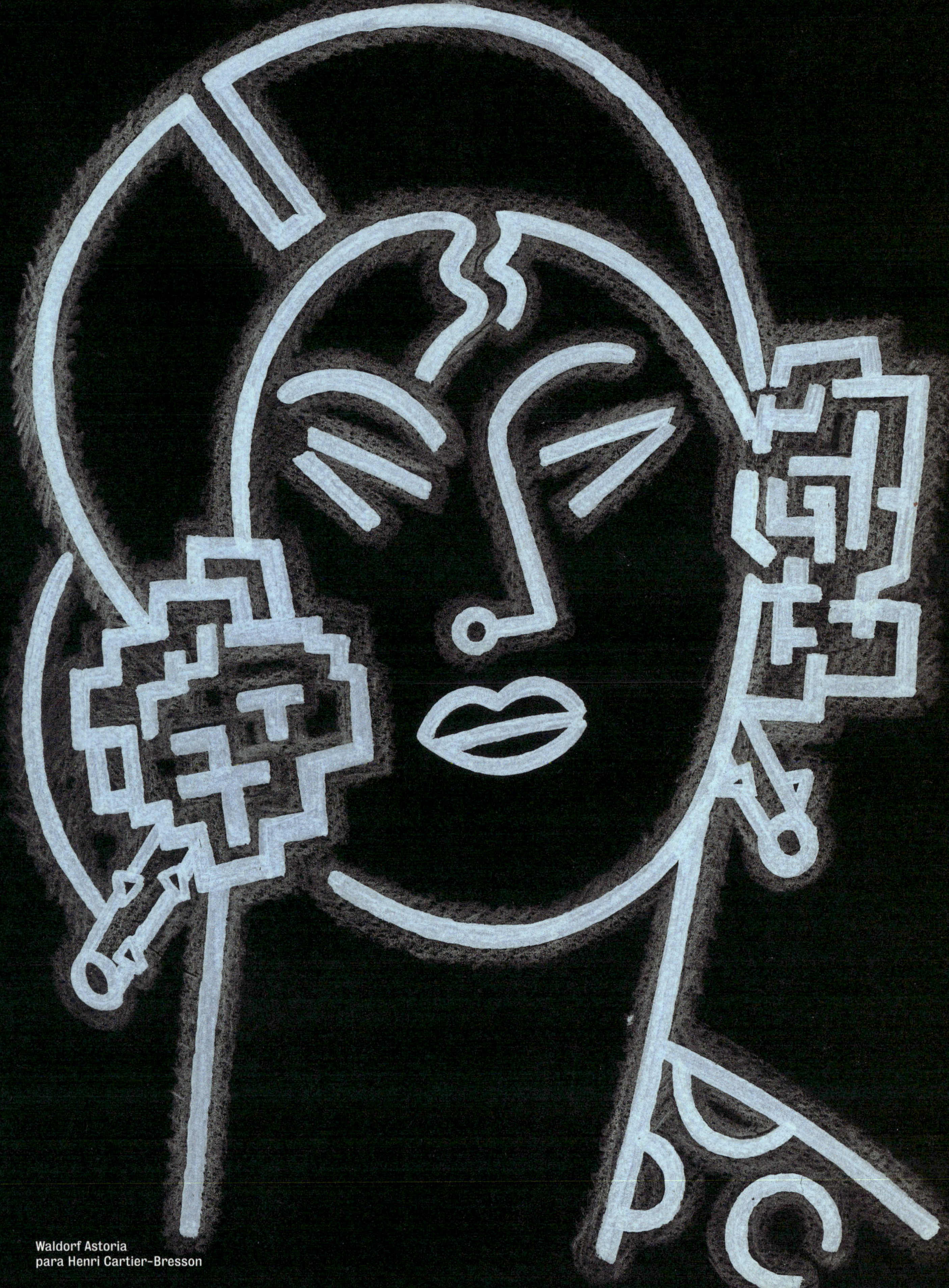

Waldorf Astoria
para Henri Cartier-Bresson

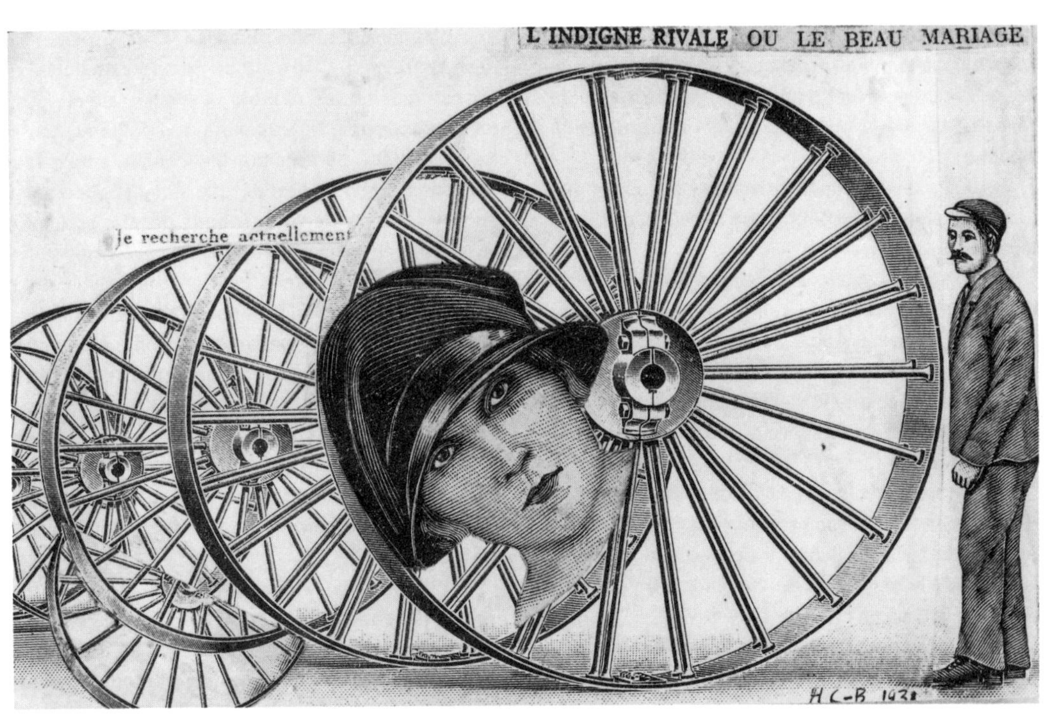

L'INDIGNE RIVALE OU LE BEAU MARIAGE
Je recherche actuellement
HC-B 1930

AGENCIA MATRIMONIAL TEXTO: **CORÍN TELLADO**

El día que falleció su abuela, una de las personas que estuvo presente hasta el final fue Benito Salcedo, aquel vecino que vivía frente por frente en el rellano de su piso... Lo veía día tras día empujar la silla de ruedas de su madre paralítica, hasta que un día dejó de verle y llamó a su puerta para preguntarle qué ocurría, que ya no sacaba de paseo a su madre.

– Está muy enferma –le explicó Benito– no puede salir, si quieres pasar... No he podido verte el día que falleció tu abuela pero he estado presente, había mucha gente en el rellano y en el piso, y como soy así... no me atreví a entrar. Te dejé el ramo de flores para que lo pusieras en la tumba de doña Ernestina.

– Lo sé, Benito. Nunca ignoramos las cosas que deseamos saber. Pero dime, ¿qué esperanzas tienes para tu madre?

– Ninguna. El médico de cabecera que la visita dice que más tarde, más temprano, hoy, mañana, dentro de un mes, pero es el fin, el fin como ha sido el de doña Ernestina.

– No sabes cuánto lo siento, Benito...

– Lo sé, Elena, lo sé, claro que lo sé.

Se enteró un día cualquiera por la gente que llenaba el rellano de la escalera, por los que entraban y salían del piso de Benito y porque ella también, recordando la muerte de su abuela y la soledad en que vivía, le llevó un ramo de flores.

El entierro de doña Engracia fue muy semejante al de su abuela, y en aquel edificio lleno de seres humanos, había dos solitarios que eran ella y Benito.

Los días empezaron a transcurrir, y ella seguía yendo a los grandes almacenes en los cuales trabajaba como secretaria bilingüe de dirección. Veía a Benito entrar y salir con el carpetón de arquitecto, con aquel semblante taciturno siempre ausente, con su cuerpo desgarbado y su sonrisa que parecía cuajársele en los labios.

Un día se tropezaron como tantos otros en el ascensor, pero ese día para ambos parecía diferente. Elena le dijo a Benito:

– Sales poco.

– ¿Sales tu mucho, Elena?

– Al trabajo y regreso, voy al cine alguna vez... doy paseos.

– Yo ni eso. Me meto en el estudio y hago proyectos, recibo a clientes y me siento ausente. He leído en un periódico, en la sección de anuncios, algo que me ha causado curiosidad y un interés muy especial. No sé lo que tú pensarás sobre eso...

– ¿Sobre qué?

– Me siento solo y carezco de tiempo para buscar novia, amiga o esposa, además no soy lanzado en ningún sentido, la timidez me roe y la falta de temperamento quizá me priva de buscar lo que necesito, por eso consideré que una agencia matrimonial podrá proporcionarme esa compañera que estoy necesitando cada día más. ¿Qué opinas, Elena?

– Me estás dando una idea, a mi también me pesa la soledad y carezco de tiempo y de ganas de buscar marido, en cambio desearía tenerlo y me parece oportuna una agencia matrimonial, hoy se recurre a ella con mucha frecuencia, sobre todo personas como nosotros que no disponemos de tiempo para perderlo buscando pareja. Si, Benito, es una buena idea, y lo es por una razón, porque en esas agencias hacen análisis exhaustivos de la personalidad de cada aspirante, por ejemplo, signo zodiacal, temperamento, vida emocional, todo eso lo meten en un ordenador y te buscan la pareja ideal, con lo cual te evitas sobresaltos y sorpresas...

– O sea, que estás de acuerdo.

– Bueno, no es que esté de acuerdo, pero por probar, nada se pierde. Me parece bien que recurras a ellos.

– ¿Lo harás tu también?

Elena sonrió únicamente, pero cuando entró en su casa miró al frente, se pegó a la puerta de entrada y avanzó hacia el teléfono cuyos botones apretó y se quedó esperando respuesta. Del artilugio telefónico afluyó una voz gangosa, metálica, de esas monótonas que suenan siempre igual.

– Hemos recibido su encargo y todos sus datos. Cuando hayamos encontrado a la persona que coincida plenamente con usted, le llamaremos.

Benito se lo dijo dos días después.

– Ya he ido, Elena, me han tomado todos los datos y me buscarán pareja, esa pareja que no me va a producir sorpresas, que va a cuajar plenamente con mi personalidad.

Reconozco que soy tímido, que he perdido demasiado tiempo cuidando de mi madre, que si bien digo perdido doy por bien empleadas esas horas que le dediqué, como tú a tu abuela.

Los mejores años de nuestra vida los hemos empleado en cuidar de nuestros seres queridos.

Yo ahora, con treinta y cinco años, me siento avergonzado buscando pareja y por eso, si me la dan hecha, comprenderás que me sentiré inmensamente agradecido y satisfecho y te aseguro Elena, que voy a intentar amarla y respetarla con todas mis fuerzas. Tu debieras seguir mi ejemplo porque estás perdiendo el tiempo, eres bonita, aún joven, inteligente y culta y te faltan tiempo y ganas de buscar marido.

– Tengo treinta y tres años, Benito, y si te digo la verdad, en cierta ocasión ya recurrí a la agencia matrimonial.

– ¿Si?

– Pues sí.

– ¿Y bien?

– Estoy esperando respuesta, estoy esperando que me busquen a la pareja que coincida con mis cualidades, mis defectos o mis aspiraciones. He dejado allí todos mis datos y espero que un día cualquiera me llamen para decirme que tienen mi pareja ideal. La soledad ya no me complace y si bien me encanta mi trabajo, no me siento con fuerzas de jovencita para salir con chicos de esos que te lanzan un piropo y te invitan a tomar algo para luego, como el que quiere, intentar llevarte a la cama. Y no es así.

– Claro que no es así, Elena. No me sorprende en absoluto que hayas recurrido también a la agencia matrimonial, porque para eso están, y según me han informado, las parejas que se unen por ese medio suelen dar grandes y muy buenos resultados. No te olvides decirme el día que te llamen...

– Te doy mi palabra de que te lo manifestaré tan pronto reciba la llamada de la agencia.

Se lo dijo tres semanas después.

– Elena, me han llamado.

– ¡Que casualidad! También a mi.

– ¿No me digas?

– Sí, sí.

– ¿Y vas a ir?

– Verás, debo vestir un traje de chaqueta negro y llevar una rosa roja en la mano y me veré con él en una cafetería del centro, no lejos de los grandes almacenes donde trabajo.

– Yo vestiré de gris, según me han dicho, y llevaré en la mano una rosa blanca.

– ¿Y a qué hora tienes que ir?

Benito miró el reloj de pulsera replicando.

– Esta tarde a las seis. La mujer que voy a ver es bella, esbelta, me han dicho, pero sobre todo, es tierna, cariñosa y comprensiva, hechos los análisis a través de los ordenadores, han llegado a la conclusión de que es la mujer que me corresponde emocionalmente, sensible y buena persona, deseosa de un compañero amable y cariñoso. ¿Y tú?

– Algo así me han dicho a mi. Un hombre que corresponde emocionalmente a mis aspiraciones, a mis cualidades, e incluso a mis defectos. Si cuaja, te lo presentaré, Benito.

– Si me entiendo con ella, yo también te la presentaré, Elena, además, como vivimos frente a frente, ¡que remedio nos queda que vernos a diario! Y por eso mismo, conocer a nuestras parejas respectivas.

A las seis de aquella misma tarde, Elena, vestida de negro, con una flor roja en la mano, entraba en la cafetería, al fondo muy al fondo, de espaldas, vio a un señor alto y algo desgarbado que dejaba caer los brazos a lo largo del cuerpo y entre los dedos sujetaba una flor blanca.

Avanzó con lentitud y el hombre, el caballero vestido de gris, giró en redondo. Se quedaron ambos mirándose frente a frente. Solo hubo dos exclamaciones.

– ¡Benito!

– ¡Elena!

Y tras ellos avanzó un señor vestido de oscuro con un portafolios en la mano.

Los miró de una forma muy especial y dijo a ambos.

– Este es el caballero que le corresponde, señorita. Yo soy agente de la agencia matrimonial. Señor, –miraba a Benito– esta es la señora que la agencia ha decidido que será su compañera ideal.

Benito y Elena rompieron a reir. El señor vestido de oscuro que sujetaba el porfolios nunca supo por qué aquellos dos reían tan satisfechos y parecían tan convencidos de formar una pareja feliz. En cambio, Benito y Elena, uno junto al otro, caminaban calle abajo en silencio.

– De todos modos –rompía Benito aquel silencio embarazoso– si no fuera por esa agencia, nunca nos hubiéramos dado cuenta de que tú estabas en la puerta de al lado y yo en la mía y sólo había un rellano por el medio...

– ¿No nos pesará Benito?

– Nunca jamás.

Y no les pesó.

ARTISTAS

CAMILLA ADAMI
Milán, Italia, 1942

VALERIO ADAMI
Bolonia, Italia, 1935

PIERRE ALECHINSKY
Bruselas, Bélgica, 1927

ANDREU ALFARO
Valencia, España, 1929

PETER BLAKE
Dartford (Kent), Gran Bretaña, 1932

BRUNO BRUNI
Gradara (Pesaro), Italia, 1935

HENRI CARTIER-BRESSON
Chanteloup, Francia, 1908

PATRICK CAULFIELD
Londres, Gran Bretaña, 1936

JEAN CORTOT
Alejandría, Egipto, 1925

MARCO DEL RÉ
Roma, Italia, 1950

HERVÉ DI ROSA
Sète, Francia, 1959

GRAZIA EMINENTE
Pisa, Italia, 1937

ERRÓ (GUDMUNDUR GUDMUNDSSON)
Olafsvik, Islandia, 1932

ALBERTO GIRONELLA
México D. F., México, 1929

ALLEN JONES
Southampton, Gran Bretaña, 1937

WILLIAM KLEIN
Nueva York, Estados Unidos, 1928

JEAN-JACQUES LEBEL
París, Francia, 1936

MANUEL OCAMPO
Quezón City, Filipinas, 1965

HERVÉ TÉLÉMAQUE
Puerto Príncipe, Haití, 1937

ZUSH (ALBERTO PORTA)
Barcelona, España, 1946

Y

EDUARDO ARROYO
Madrid, España, 1937

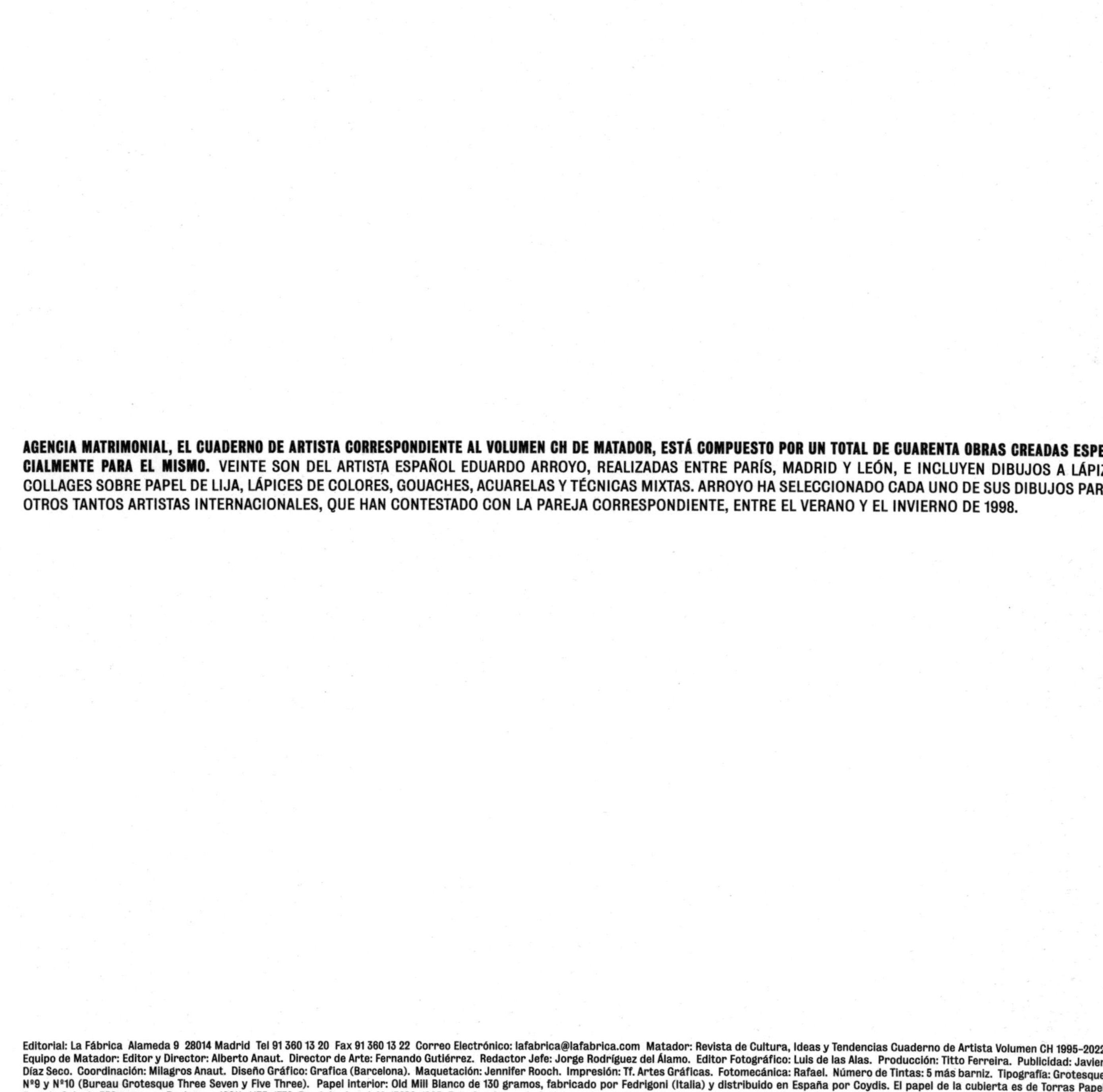

AGENCIA MATRIMONIAL, EL CUADERNO DE ARTISTA CORRESPONDIENTE AL VOLUMEN CH DE MATADOR, ESTÁ COMPUESTO POR UN TOTAL DE CUARENTA OBRAS CREADAS ESPECIALMENTE PARA EL MISMO. VEINTE SON DEL ARTISTA ESPAÑOL EDUARDO ARROYO, REALIZADAS ENTRE PARÍS, MADRID Y LEÓN, E INCLUYEN DIBUJOS A LÁPIZ, COLLAGES SOBRE PAPEL DE LIJA, LÁPICES DE COLORES, GOUACHES, ACUARELAS Y TÉCNICAS MIXTAS. ARROYO HA SELECCIONADO CADA UNO DE SUS DIBUJOS PARA OTROS TANTOS ARTISTAS INTERNACIONALES, QUE HAN CONTESTADO CON LA PAREJA CORRESPONDIENTE, ENTRE EL VERANO Y EL INVIERNO DE 1998.

Editorial: La Fábrica Alameda 9 28014 Madrid Tel 91 360 13 20 Fax 91 360 13 22 Correo Electrónico: lafabrica@lafabrica.com Matador: Revista de Cultura, Ideas y Tendencias Cuaderno de Artista Volumen CH 1995–2022 Equipo de Matador: Editor y Director: Alberto Anaut. Director de Arte: Fernando Gutiérrez. Redactor Jefe: Jorge Rodríguez del Álamo. Editor Fotográfico: Luis de las Alas. Producción: Titto Ferreira. Publicidad: Javier Díaz Seco. Coordinación: Milagros Anaut. Diseño Gráfico: Grafica (Barcelona). Maquetación: Jennifer Rooch. Impresión: Tf. Artes Gráficas. Fotomecánica: Rafael. Número de Tintas: 5 más barniz. Tipografía: Grotesque Nº9 y Nº10 (Bureau Grotesque Three Seven y Five Three). Papel interior: Old Mill Blanco de 130 gramos, fabricado por Fedrigoni (Italia) y distribuido en España por Coydis. El papel de la cubierta es de Torras Papel Escudo Gris de 350 gramos. Registros: ISSN: 1135–1772 Depósito Legal: M–13686–1995. Este Cuaderno de Artista se ha realizado con la colaboración del Ministerio de Educación y Cultura.

MINISTERIO DE EDUCACIÓN Y CULTURA
Dirección General de Bellas Artes y Bienes Culturales